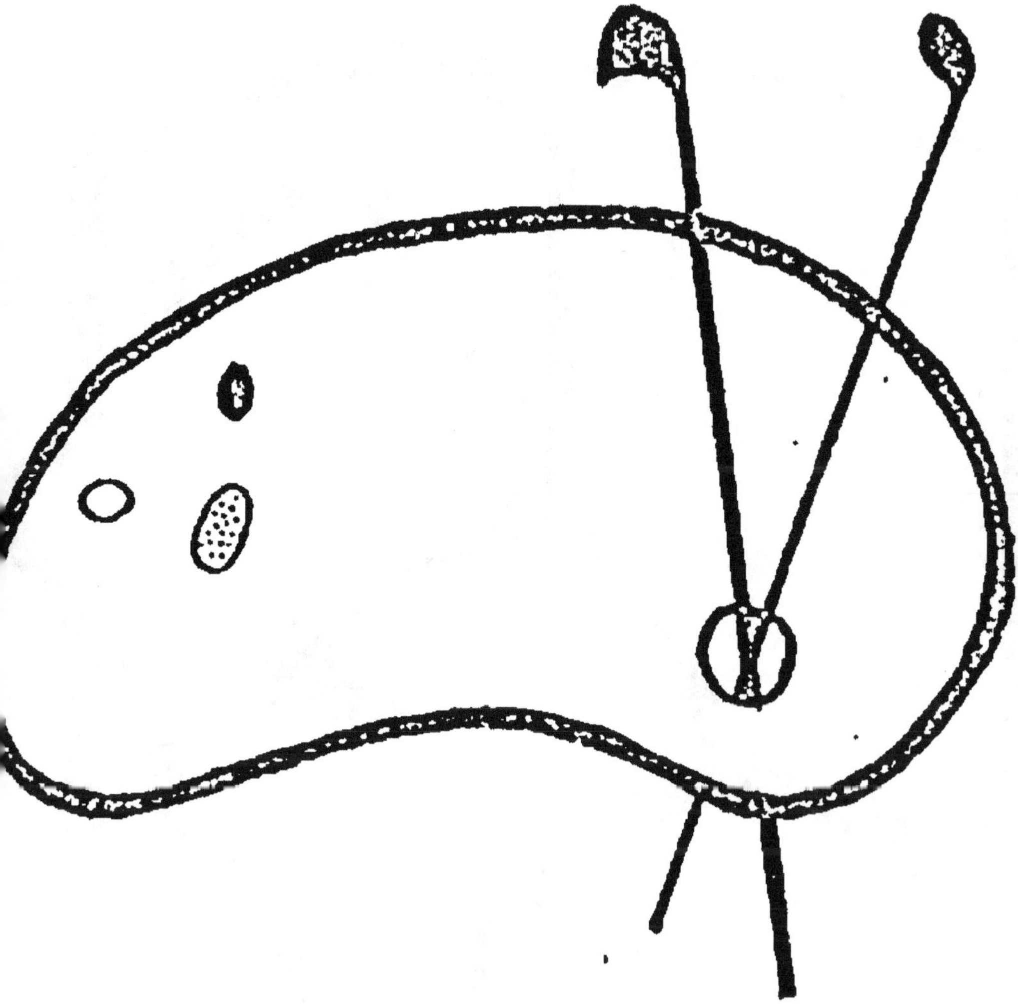

DEBUT D'UNE SERIE DE DOCUMENTS
EN COULEUR

Couverture Inférieure manquante

UN ÉPISODE DE LA CHOUANNERIE

LA PRISE DU MANS

PAR LES CHOUANS

LE 15 OCTOBRE 1799

PAR

Robert TRIGER

Vice-Président de la Société historique et archéologique du Maine
Correspondant du Ministère de l'Instruction publique et des Beaux-Arts
Inspecteur de la Société française d'archéologie
Docteur en droit

MAMERS | LE MANS
G. FLEURY & A. DANGIN | A. DE SAINT-DENIS
IMPRIMEURS | LIBRAIRE-ÉDITEUR
Place des Grouas. | Rue St-Jacques.

1899

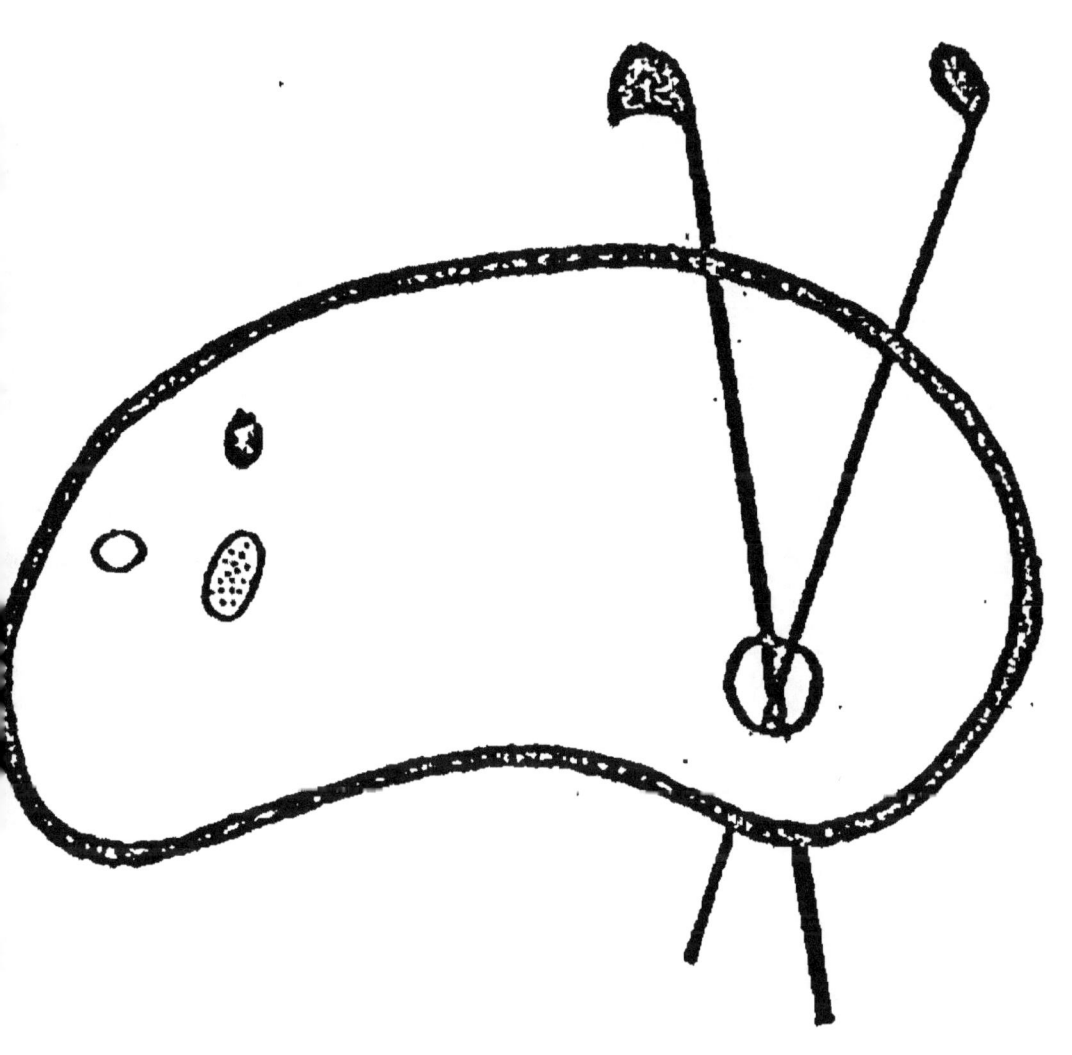

FIN D'UNE SERIE DE DOCUMENTS
EN COULEUR

UN ÉPISODE DE LA CHOUANNERIE

LA PRISE DU MANS

PAR LES CHOUANS

LE 15 OCTOBRE 1799

Extrait de la Revue historique et archéologique du Maine
Tome XLVI, 1899

UN ÉPISODE DE LA CHOUANNERIE

LA PRISE DU MANS

PAR LES CHOUANS

DE 15 OCTOBRE 1799

PAR

Robert TRIGER

Vice-Président de la Société historique et archéologique du Maine
Correspondant du Ministère de l'Instruction publique et des Beaux-Arts
Inspecteur de la Société française d'archéologie
Docteur en droit

MAMERS | LE MANS

G. FLEURY & A. DANGIN | A. DE SAINT-DENIS

IMPRIMEURS | LIBRAIRE-ÉDITEUR

Place des Grouas. | Rue St-Jacques.

1899

UN ÉPISODE DE LA CHOUANNERIE

LA PRISE DU MANS

PAR LES CHOUANS

LE 15 OCTOBRE 1799

Malgré son grand intérêt au double point de vue militaire et social, l'histoire de la Chouannerie du Maine est encore à faire.

Sans doute, de nombreuses pages lui ont été déjà consacrées, mais la plupart ont été écrites avec des opinions préconçues, sur des souvenirs personnels, qui n'ont pas laissé toujours une place suffisante aux appréciations impartiales, aux documents officiels jusqu'ici d'ailleurs peu connus.

Après avoir donné jadis un premier article sur les débuts de l'insurrection (1), nous essaierons aujourd'hui d'en recons-

(1) *Les Premiers Troubles de la Révolution dans la Mayenne*, travail publié en 1888, d'après les notes de notre regretté collègue et ami, M. V. Duchemin, ancien archiviste du département de la Mayenne. Un scrupule nous avait empêché de modifier le titre adopté par M. Duchemin, mais on aurait pu, en fait, intituler cette étude : *Les origines de la Chouannerie du Maine*... Elle est aujourd'hui épuisée.

tituer, à l'occasion du centième anniversaire, le dernier épisode, l'un des plus célèbres, la prise du Mans par les Chouans ou « Mécontents » le 15 octobre 1799.

Ce n'est pas dans la pensée de célébrer le centenaire de cet événement. Les centenaires de révolutions, et surtout de guerres civiles, ne doivent pas se célébrer : ils évoquent des faits trop pénibles. Notre but exclusif est de rendre à tous, sans distinction de parti, la justice qui peut leur être due, de rétablir après un siècle la physionomie réelle d'un épisode qui a suscité trop longtemps, de part et d'autre, des controverses passionnées (1).

Il y a quelques mois encore, dans une polémique de presse sur cet épisode, on a bien voulu en appeler à notre appréciation (2). Nous la donnerons en soldat et en historien, c'est-à-dire en dehors de toute passion politique, l'appuyant sur des preuves impossibles à récuser de bonne foi. Nous sommes à une époque où le sentiment national doit dominer toute autre considération. Ceux qui ont lutté en 1799, avec un désintéressement patriotique, pour ce qu'ils ont cru

---

(1) Les sources qui nous ont fourni les éléments de cet article sont si nombreuses que nous indiquerons seulement ici les principales. Elles peuvent se diviser en trois catégories : 1º Les récits ou mémoires contemporains publiés antérieurement, tels que ceux de Renouard dans ses *Essais historiques sur le Maine*, de Pesche dans le *Dictionnaire statistique de la Sarthe*, du conventionnel Levasseur, du chanoine Nepveu de la Manouillère, de l'administrateur Besnard, du général Tercier, et les articles trop peu connus des journaux révolutionnaires, devenus rarissimes ; 2º Les récits ou procès-verbaux encore inédits, tels que la *Relation historique* insérée dans les manuscrits de la Crochardière. (Bibl. du Mans, 21, tome III), le *Procès-verbal de l'invasion des Chouans*, dressé par la municipalité (Archives municipales 1423 et Archives départementales L. 214), les procès-verbaux des juges de paix des deux arrondissements du Mans (Archives de la Sarthe L. 273) ; 3º Un ensemble considérable de rapports administratifs ou militaires, de correspondances et de notes de police, provenant de la série L. des archives départementales dont l'inventaire a été récemment publié.

(2) *Journal du Mans*, du 24 mai 1899 : *Une nouvelle lettre de M. de Bourmont ; un point d'histoire.*

susceptible d'assurer la grandeur et la prospérité du pays, ont un droit égal à la justice de l'histoire, qu'ils soient « bleus » ou « blancs ». Victimes des événements, ils ont pu se tromper, mais souvent aussi leur rôle et leur conduite ont été dénaturés.

Notre meilleure récompense sera de mettre en relief les talents et les qualités militaires dont les soldats des deux partis ont fait preuve dans l'épisode particulier que nous avons à raconter, et, parce qu'ils étaient Français les uns et les autres, de les laver une fois pour toutes des accusations ridicules ou odieuses.

I

AVANT L'ATTAQUE

Causes de la prise d'armes de 1799. — Loi des otages et faux Chouans ; les Mécontents. — L'armée royale du Maine, son général le comte de Bourmont, ses principaux officiers, son organisation. — Forces militaires du gouvernement dans la Sarthe ; leur commandant, le général de brigade Simon ; la 40ᵉ demi-brigade. — Incidents divers. — Un charmant espion du ministre Fouché. — Préliminaires de l'attaque.

On a beaucoup discuté sur les causes de la Chouannerie. Nous n'avons pas, dans cet article d'histoire militaire plutôt que d'histoire politique, à les étudier de nouveau. Au reste, la formule qui semble les résumer le plus exactement est fort simple : Ce furent des mécontentements profonds, utilisés et organisés par des convictions ou des ambitions politiques.

Après avoir accueilli avec une sympathie indiscutable les premières réformes de 1789 et la chute de l'ancien régime, les populations rurales du Maine s'étaient cabrées devant les violences révolutionnaires qui avaient porté atteinte à leurs sentiments religieux, à leurs intérêts matériels, à leur liberté individuelle, à leurs habitudes quelque peu routinières. Les déclarations si précises, si formelles, du général Hoche sur ce point rendent toute digression inutile. L'opinion de Hoche n'a pas seulement pour elle l'autorité d'un des hommes les plus éminents, les plus loyaux de l'époque : elle a pour elle l'expérience pratique, puisque, seul, il parvint à pacifier pour quelques années les départements insurgés (1).

Or, les causes générales qui avaient provoqué les premiers mouvements insurrectionnels se retrouvent avec la même évidence pour expliquer la prise d'armes de 1799.

Le coup d'Etat du 18 fructidor (4 septembre 1797), en rendant le pouvoir à la faction jacobine, avait peu à peu annihilé les résultats de la pacification et ravivé les mécontentements dans le Maine par des mesures vexatoires : déportation des prêtres, arrestations arbitraires et destitution de nombreuses autorités librement élues, faiblesse et

(1) Nous devons à l'obligeance de M. le Vte de Montesson, qui voudra bien recevoir ici l'expression de nos remerciements, la connaissance d'une nouvelle lettre de Hoche, d'une importance toute particulière, et d'où nous extrayons les quelques phrases suivantes à l'appui de notre assertion : « Entre tous les moyens que vous devez employer pour « ramener la tranquillité dans le pays que nous occupons, écrivait le « général en mars 1795 à l'un de ses lieutenants le général Duhesme, « celui de l'intermédiaire des prêtres n'est pas à négliger... Vous « connaissez, citoyen, la loi *salutaire* que la Convention nationale vient « de décréter sur la liberté des cultes. Proclamez-la, répandez-la dans « les campagnes avec profusion, et surtout ne dédaignez pas de *prêcher* « *vous même la tolérance religieuse...* Vous penserez sans doute qu'il « faut employer, pour parvenir à ce but, la douceur, l'aménité, la fran- « chise, afin d'inspirer de la vénération pour les troupes. Engagez sous « main quelques officiers et soldats à assister aux cérémonies religieuses : « *Faites attention surtout qu'elles ne soient jamais troublées...* Parlez « de Dieu avec révérence... Peignez la République comme une bonne « mère qui préfère rappeler par la douceur des enfants égarés *plutôt* « *que d'employer contre eux la terreur et la mort* ». Le texte in-extenso de cette lettre si curieuse, se trouve dans un travail manuscrit de notre collègue, M. l'abbé Froger, dont la publication est arrêtée en ce moment par diverses circonstances.

corruption du gouvernement, et surtout vote de « la loi des otages. »

Cette loi des otages est, au dire de tous les contemporains, l'un des motifs déterminants de l'insurrection de 1799, et de plus elle est née dans le département de la Sarthe : elle mérite une attention particulière.

Fatalement encouragés par la complication et l'usure des rouages administratifs, par les changements d'autorités et les vieilles rancunes, les attentats isolés contre l'ordre public et la sûreté des personnes s'étaient peu à peu multipliés dans la Sarthe au commencement de l'an VII (1799). Ces attentats, qu'on ne saurait apprécier en bloc, étaient tantôt des actes de vulgaire brigandage, provenant d'habitudes de troubles déjà invétérées, tantôt des actes des représailles provoqués par de terribles colères : beaucoup étaient blâmés par les royalistes les plus honorables. Le plus souvent cependant, ils trouvaient dans les campagnes les autorités républicaines impuissantes et découragées.

Le 12 prairial an VII (31 mai 1799), les deux filles d'un patriote de Brûlon, acquéreur de biens nationaux, ayant été enlevées et mises à rançon, le commissaire du Directoire près l'administration centrale de la Sarthe crût avoir une idée de génie. Il fit immédiatement arrêter au hasard deux des royalistes les plus aisés du canton, et leur signifia qu'il les ferait déporter à Rochefort si les prisonnières n'étaient pas délivrées. Le lendemain, les deux jeunes filles étaient rendues à leurs parents sans condition (1).

Il n'en fallut pas davantage pour exciter un enthousiasme général parmi les autorités du département. « La recette est bonne, écrivait le 17 prairial le commissaire triomphant à l'un de ses amis, juge de paix au Grand-Lucé, j'en ferai usage... Je ne me sens pas d'aise, vive l'énergie républi-

---

(1) Archives de la Sarthe, L. 131, 213, etc. Sur des arrestations du même genre, voir aussi L. 78, 165, 166, 215, 233, 282, 296, etc.

caine ! (1). » La recette fut même trouvée si bonne qu'elle fût officiellement communiquée à la députation de la Sarthe puis au gouvernement comme un remède à tous les maux (2). Le gouvernement aux abois s'empressa de la généraliser.

Le 30 prairial an VII, la loi dite des otages était votée.

Elle permettait d'emprisonner comme otages tous les nobles et tous les parents de Chouans *jusqu'au quatrième degré :* les otages qui s'évaderaient *seraient fusillés :* pour un « bleu » assassiné, quatre otages *devaient être déportés à Cayenne*, après avoir payé solidairement 6,000 francs au trésor, 600 francs à la famille du mort : le séquestre était mis sur tous les biens des otages etc.

Il n'est pas besoin de faire ressortir les dangers et l'odieux d'une telle mesure qui autorisait, en fait, l'arrestation de citoyens souvent inoffensifs, étrangers au crime commis, pouvant n'avoir aucune influence sur les coupables et ne les connaître nullement. Appliquée avec mauvaise foi ou même simplement avec maladresse, cette loi menaçait au dernier chef la liberté individuelle et exposait les populations à tous les actes d'arbitraire. Elle fut aussitôt qualifiée d'*infernale* par les uns, d'*impolitique* par les républicains modérés eux-mêmes. Elle souleva dans la capitale une indignation générale, et, dans notre région, d'implacables colères (3).

La loi des otages était, il est vrai, d'autant plus injuste qu'à côté des vrais royalistes opéraient autour du Mans des bandes indépendantes de brigands, comme celle de ce fameux

(1) Archives de la Sarthe, L. 273.
(2) *Relation historique de la prise du Mans par les Chouans*, mss. de la Crochardière, tome III. Bibl. du Mans, 21.
(3) « Il fallait, dit Napoléon dans ses *Mémoires,* toute l'impéritie du « Directoire pour faire perdre à la République les avantages de la con- « duite du général Hoche... Insensé dans sa politique intérieure, il « provoqua la loi des otages. Ces tables de proscription réveillèrent tous « les souvenirs de la terreur, l'indignation fut générale : elle éclata sur « tous les points de la France contre le Directoire qui avait osé préparer « cette loi atroce etc. »

Branche d'Or, dit *marquis de la Gélinière*, que les deux partis désavouaient également, et parfois aussi des bandes de *Faux Chouans*, lancés dans les campagnes pour déconsidérer et compromettre les insurgés.

Il y aurait des pages bien curieuses à écrire sur ce procédé fort peu loyal des *Faux Chouans*. Bornons-nous ici à rappeler qu'il appartient désormais à l'histoire et qu'il a été employé en 1799 dans le département de la Sarthe. Nous en avons pour preuves indiscutables des instructions secrètes, singulièrement piquantes, données au capitaine *Saint-Roch* et au lieutenant *Saint-Aignen*, qui « travaillaient » dans les cantons de Pontvallain, de Sablé et de Brûlon. Aux termes de ces instructions, conservées aux Archives de la Sarthe, il leur était surtout recommandé « de parler peu, de peur
» de se compromettre, de n'employer jamais le mot *citoyen*,
» de traiter la République avec haine et mépris, de se pré-
» senter comme envoyés des généraux royalistes afin de se
» faire livrer les noms de leurs partisans, *de ne jamais manger gras les vendredi et samedi* » (1).

Par une coïncidence aussi regrettable que bizarre, ce fut précisément un mauvais coup du brigand *Branche d'Or* qui donna lieu, au Mans, à la première application de la loi des otages. Le 9 thermidor (27 juillet 1799), à huit heures du soir, sa bande ayant enlevé aux portes mêmes de la ville, dans l'ancien presbytère de Saint-Pavin-des-Champs, un ex-substitut du tribunal criminel, le citoyen Trillon, l'administration départementale fit incarcérer dès le lendemain à la prison de la Visitation quatre otages choisis parmi les principaux membres du parti royaliste, MM. de Launay, avocat, Lambert de la Vannerie, Goussault, ancien conseiller

---

(1) Archives de la Sarthe, L. 307, *Sûreté Générale*. — Crétineau-Joly a publié depuis longtemps, dans son *Histoire de la Vendée militaire*, la lettre aussi célèbre qu'odieuse du ministre de la police Sotin, en date du 13 mars 1798, exposant l'organisation secrète des faux-chouans et des chauffeurs.

à l'élection, et de Tascher. Tous étaient incontestablement étrangers à l'enlèvement de Trillon et aux crimes de *Branche d'Or* qui n'était qu'un brigand de grand chemin. Ancien valet de chambre d'un émigré, le marquis de la Gélinière, mort en exil, *Branche d'Or* s'était approprié l'état civil de son maître : s'il cherchait à faire le chouan, ce n'était certes pas pour servir la cause royaliste, mais pour battre monnaie à son profit personnel, en mettant à contribution les acquéreurs de biens nationaux (1).

L'arrestation des quatre otages ne pouvait dès lors se justifier. Elle produisit un effet d'autant plus déplorable que l'un d'eux, M. de Launay, mourut subitement en prison, et que cet événement tragique n'empêcha pas les autorités d'incarcérer encore M. Menjot d'Elbenne, ancien député au conseil des Cinq-Cents, et d'inscrire sur les listes de proscription plusieurs femmes, notamment Mmes de Rouillon, de Bellefille, des Morandais et de Bordigné (2).

En rendant ainsi responsables, sans distinction, les nombreux mécontents de toutes nuances, des exploits de brigands et d'agents provocateurs, l'administration du Directoire préparait une armée au parti royaliste. Il eut été bien naïf de ne pas profiter d'une situation aussi favorable.

Depuis plusieurs mois, ses préparatifs étaient faits et ses états-majors constitués.

Enhardis par l'impopularité du gouvernement directorial, par ses revers militaires et ses embarras financiers, les chefs royalistes n'avaient jamais perdu l'espoir d'une restauration monarchique. Après la mort du comte de Rochecotte, fusillé à Paris en 1798, le chevalier de la Volvenne, dit *Paratousky*,

---

(1) Sur l'enlèvement du citoyen Trillon qui fit grand bruit dans le département, et sur *Branche d'Or*, voir Archives de la Sarthe, L. 135, 165, 171, 183, 214, 273, 296, 307, et Bibl. du Mans, 21, *mss. de la Crochardière*, tome III.

(2) Archives de la Sarthe, L. 78, 81, 121, 166. etc., et *mss de la Crochardière*.

« n'avait cessé de travailler le Maine avec un zèle et une
» activité infatigables ; il avait su gagner entièrement la
» confiance des anciens Chouans et préparer partout de petits
» noyaux d'insurrection (1). » Un officier non moins énergique, le chevalier de Tercier, avait dressé le plan d'organisation générale, réuni des cadres intrépides et expérimentés, tâté déjà ses adversaires en quelques escarmouches.

Appuyé dans les campagnes par des femmes ardentes, « élégantes messagères et confidentes sûres » (2), dans la ville du Mans elle-même, par un groupe d'amis dévoués qui faisait du chef-lieu du département de la Sarthe, au dire des autorités républicaines, « le grand atelier des machinations liberticides, un foyer de contre-révolution, le directoire général des Chouans » (3), Tercier sut tirer très habilement parti des arrestations arbitraires et des excès des faux-chouans qu'il démasqua par de vigoureuses protestations.

Dès la fin du mois de juillet, les Mécontents, furieux, réclamaient de toutes parts une levée générale : « Nous
» aimons mieux, disaient officiers et soldats, périr les armes
» à la main que d'être décimés comme nous le sommes tous
» les jours par des arrestations » (4). L'achèvement de la moisson et la loi des otages ayant jeté définitivement dans les bras des royalistes une multitude de jeunes gens des campagnes, l'agence de Paris donna enfin, le 15 août 1799, l'ordre de la prise d'armes et désigna le comte de Bourmont pour commander en chef « l'armée royale du Maine. »

Né au château de Bourmont, en Anjou, le 2 septembre

---

(1) *Mémoires politiques et militaires du général Tercier* (1770-1810), publiés par C. de la Chanonie, Paris. Plon, 1891, p. 291.

(2) *Mémoires de Tercier*, p. 304. Il y aurait un article bien curieux à écrire sur le rôle actif et le dévouement des femmes du Maine pendant la Chouannerie ; peut-être le donnerons-nous un jour.

(3) Archives de la Sarthe, L. 274, 307.

(4) *Mémoires de Tercier*, p. 308. Nous renvoyons à cet ouvrage pour l'organisation de la prise d'armes : on y trouvera de nombreux et nouveaux détails sur toute cette période.

1773, Louis-Auguste-Victor de Ghaisne, comte de Bourmont, n'avait encore que vingt-six ans. Il avait débuté dans la carrière militaire comme officier au régiment des Gardes françaises (1788-1789). Emigré en 1790, il avait fait campagne à l'armée de Condé (1793-1794), puis il était rentré en Vendée où on l'avait chargé de diverses négociations. Major général de l'armée d'Anjou en 1796, il avait été déporté en Suisse après la pacification, et finalement s'était retiré à Londres auprès des princes qu'il servait avec un zèle très actif (1). C'était, malgré sa jeunesse, l'un des hommes les plus en vue du parti royaliste et surtout l'un de ses meilleurs officiers. Des talents militaires très réels, qui vaudront plus tard à la France la conquête d'Alger, justifiaient déjà le commandement en chef qu'on venait de lui confier avec le grade de maréchal de camp.

Le comte de Bourmont avait pour « général en second » le principal organisateur de l'insurrection, ce chevalier de Tercier, mis en relief, il y a quelques années, par la publication de très curieux *Mémoires*. Ancien officier au régiment de la Martinique, Tercier avait fait, de 1778 à 1781, la guerre d'Amérique. Après le désastre de Quiberon, il avait commandé les Chouans des environs de Laval, et bien qu'il fut originaire des Ardennes, il connaissait parfaitement le Maine pour l'avoir parcouru maintes fois en tous sens. Soldat de profession et d'expérience, Tercier avait alors 47 ans (2).

L'état-major général comprenait, en outre, deux autres officiers revenus d'Angleterre avec M. de Bourmont : un commissaire des vivres, M. de Malartic, dit *Sauvage*, ami intime du général en chef, et un adjudant général, fidèle

(1) *Notice pour servir à la biographie de M. le Maréchal, Comte de de Bourmont.* Caen, Pagny, 1846, in-8°.
(2) *Mémoires politiques et militaires du général Tercier*, etc. Plon, 1891.

compagnon d'armes de Tercier dans le Maine, M. de Guéfontaine, originaire d'Arras.

Levés sur tout le territoire de la Sarthe et de la Mayenne, les insurgés étaient répartis en divisions organisées par des chefs dévoués, vétérans de l'ancienne armée régulière ou des guerres précédentes. MM. de la Volvenne, dit *Paratouski*, et de la Mothe-Mervé commandaient celles des environs de La Flèche avec le grade d'adjudants généraux ; M. de la Mothe-Mervé, de La Flèche, ayant sous ses ordres le légendaire Châtelain, dit *Tranquille*, récemment promu chef de division. Bernard de la Frégeolière, colonel, chef de la 13º légion, commandait du côté de Baugé et du Lude ; Arthur Guillot de la Poterie, la division de Château-du-Loir et Vendôme ; Pierre Gaullier, celle de Château-Gontier : MM. Ménard et de Baye, celles de Saint-Ouen et de Saint-Denis du Maine ; M. de Joybert, celle de Vaiges (division de Tercier en 1796) ; M. de Beauregard, dit *Mérille*, de Domfront, celle de Mayenne : M. Lépine, dit *Auguste*, de Falaise, ancien officier émigré, les environs de Bonnétable, au nord du Mans etc. (1).

S'il faut en croire Tercier, l'armée royale du Maine comptait, à cette date, près de 12,000 soldats. Le fait certain, c'est qu'elle était beaucoup mieux organisée et disciplinée qu'on ne l'a cru longtemps et surtout que ne l'ont dit les historiens révolutionnaires. Les mémoires de Tercier, de Gaullier, de Bernard de la Frégeolière, publiés depuis peu et confirmés par des rapports de police, jusqu'ici inédits, ne laissent aucun doute à cet égard. Plusieurs corps avaient

(1) Pour la biographie des principaux officiers de l'armée royale du Maine, voir, en outre des nombreuses notes des *Mémoires de Tercier*, les *Mémoires de Bernard de la Frégeolière*, publiés par son petit-fils, Paris, 1881, les extraits des *Mémoires* ou *Livres de Comptes* de Gaullier, cités par M. A. Joubert dans son *Histoire de Saint-Denis d'Anjou*, p. 88, *la Chouannerie du Maine*, par l'abbé Paulouin, Le Mans, Monnoyer 1875, 3 vol. in-12, et le magistral ouvrage de M. L. de la Sicotière, *Frotté et les Insurrections Normandes*, Paris, Plon, 3 vol. gr. in-8.

même un uniforme et un semblant d'administration régulière (1).

Les forces dont le gouvernement républicain pouvait disposer dans la Sarthe, en présence de cette redoutable insurrection, étaient relativement faibles.

La subdivision militaire de la Sarthe, commandée par le général de brigade Simon, dépendait alors de la 22ᵉ division territoriale (général Vimeux, à Tours), qui formait en même temps la 4ᵒ division active de l'*Armée dite d'Angleterre*, dont le quartier général était à Rennes avec le général Michaud, commandant en chef par intérim.

Le général de brigade Simon était arrivé au Mans dans les derniers jours du mois de fructidor an VI (septembre 1798), et y avait remplacé le chef de brigade Ferey, de la 24ᵉ demi-brigade d'infanterie légère, faisant depuis quelques mois fonctions de général. Au dire de son divisionnaire lui-même, le général Simon était connu par son zèle et son intelligence : on comptait beaucoup sur lui pour seconder efficacement l'autorité civile (2).

Sous des dehors un peu flegmatiques et avec un caractère fort doux, il était aussi bon républicain que Bourmont était bon royaliste. Lié intimement avec le commissaire Baudet-Dubourg, il avait applaudi, sans en prévoir les conséquences, à sa fameuse recette, au déplorable système des otages (3). C'était cependant « un ami de la paix et de l'ordre, que les

---

(1) « Les Chouans ont acheté 3,000 aulnes de drap gris à 14 livres ; « leurs divisions seront de mille hommes chaque et seront différenciées « en uniforme. » *Lettre du Commissaire du Directoire*. Arch. de la Sarthe, L. 193.

(2) Archives de la Sarthe, L. 196. — Du 26 fructidor an VI, le Chef de Brigade Ferey, commandant la 24ᵉ Demi-Brigade d'Infanterie légère, invite le commissaire du Directoire Baudet-Dubourg à dîner le même jour avec le général Simon qui vient d'arriver au Mans pour lui succéder. — De Tours, 29 fructidor, notification officielle par le général Vimeux de la nomination au Mans du général Simon.

(3) Archives de la Sarthe, L. 197.

exclusifs n'aimaient pas, » et aussi, pensons-nous, un esprit sincère et convaincu : « Consolez-vous, mon brave ami, écrivait-il le 8 messidor an VII, à Baudet-Dubourg, menacé
» d'une prochaine destitution, les choses n'en viendront
» peut-être pas jusqu'où vous croyez. Au reste, sans ambi-
» tion et avec un cœur pur, on doit attendre les événements
» avec ce calme qui sied si bien aux hommes libres. Malheur
» à l'homme faible qui se laisse abattre par les coups du sort
» quand sa conscience ne lui reproche rien, et quand, au
» contraire, il conserve le sentiment du bien qu'il a fait.
» Pour moi, j'ai dans l'idée qu'on ne sacrifiera pas ainsi
» ceux qui se sont identifiés à la République. Que devien-
» drait-elle si ses amis se voyaient forcés à la retraite ? » (1).

En dépit de ses convictions si nettement affirmées, le général Simon avait inspiré d'injustes défiances à certains patriotes, depuis surtout qu'au commencement d'août, il avait fait lever les cantonnements dans les campagnes, pour concentrer ses troupes menacées par les progrès de l'insurrection. Cette mesure, fort sage au point de vue militaire, nécessaire même pour éviter des désastres partiels, n'avait pas été comprise de toutes les autorités civiles, ou mieux, elle avait compromis beaucoup d'intérêts particuliers. De là, contre le général, des plaintes et des récriminations dont l'administration centrale de la Sarthe dût faire justice, le 17 fructidor, dans la lettre suivante à la députation, lettre qui achèvera de faire entièrement connaître le commandant de la subdivision de la Sarthe :

« Il est vrai, citoyens, que la malveillance ou l'erreur ont
» exagéré, nous pouvons même dire créé les torts du géné-
» ral Simon, et nous vous savons gré de ne pas en avoir
» référé au Directoire sans nous avoir consultés. Ce mili-
» taire, depuis que nous le connaissons, a toujours mani-
» festé les principes d'un *franc républicain* : il est vrai qu'il

(1) Archives de la Sarthe, L. 197.

» n'est pas né avec le caractère ouvert et bouillant du géné-
» ral Cambray, et que son flegme offre un contraste qui a
» pu faire supposer en lui une insouciance dont il est éloi-
» gné. S'il n'a point encore agi d'une manière éclatante,
» c'est qu'il manquait de troupes. Maintenant qu'il en a à sa
» disposition, il se propose d'en user et il est en ce moment
» à la tête d'une colonne à la poursuite des brigands qui ont
» paru aux environs de Sablé. Nous vous assurons d'ailleurs
» qu'il réunit toutes les qualités propres à remplir les fonc-
» tions dont il est chargé, et qu'il a toujours agi de concert
» avec les administrations et particulièrement la nôtre. Nous
» espérons que cette explication suffira pour vous désabuser
» sur le compte d'un général qui peut opérer dans ce pays
» le plus grand bien » (1).

Apprécié de l'administration départementale, estimé du général Vimeux qui ne l'appelait que « son brave camarade », Simon était incontestablement un militaire loyal et courageux. Malheureusement pour lui il était « discuté », et les soupçons qui en résultaient devaient, comme nous le verrons, lui couter bien cher (2).

Le point de départ de ces soupçons provenait sans aucun doute de l'inaction que lui imposait le peu de troupes à sa disposition.

Au commencement d'août 1799, à la veille de la prise d'armes des Chouans, le général Simon n'avait, dans la Sarthe, que sept compagnies de la 28e demi-brigade d'infanterie légère, fortes de 700 hommes, et treize compagnies de gardes nationales soldées, formées en colonnes mobiles (3).

(1) Archives de la Sarthe, L. 166, fol. 22, v°.
(2) S'il faut en croire certains contemporains, le général Simon eût été *trahi* par plusieurs administrateurs qui lui auraient été hostiles en dessous. Le fait est d'autant plus vraisemblable qu'en dépit de la lettre précédente, les députés de la Sarthe demandèrent son changement avant même la prise du Mans.
(3) *Lettre du général Simon à l'administration centrale de la Sarthe*, en date du 21 thermidor an VII, avec projet de la répartition de la force armée du département. Arch. de la Sarthe, L. 197.

Ce chiffre était, on peut le dire, dérisoire, en face de l'activité et de l'audace toujours croissantes des Mécontents. En vain, dès le 15 thermidor (2 août), les députés de la Sarthe avaient-ils réclamé au ministre de la guerre Bernadotte de prompts renforts : le ministre, comme souvent, s'était contenté de belles promesses et « d'appeler de nouveau l'atten-
» tion du général en chef de l'armée d'Angleterre sur la
» situation dans la Sarthe » (1). Le 22 thermidor cependant (9 août), le général Michaud donnait d'urgence l'ordre au 3e bataillon de la 40e demi-brigade de passer de suite [de Rennes] dans la 22e division, et peu après cinq compagnies de ce bataillon arrivaient au Mans. Il y eut fallu plusieurs régiments (2).

Créée à Lyon en l'an IV, la 40e demi-brigade de bataille avait fait la campagne d'Italie sous le général Augereau et combattu à Arcole avec Bonaparte (3). Malgré ce glorieux passé, son premier détachement fut accueilli au Mans par des défiances et une polémique de presse. « Des journalistes

(1) Archives de la Sarthe, L. 193.
(2) Sur les mouvements de troupes à cette date, *ibidem*, L. 197. — *(Lettres de généraux)*.
(3) Après avoir tenu garnison à Brescia, de novembre 1797 à janvier 1798, la 40e Demi-Brigade avait été désignée pour l'armée d'Angleterre et dirigée sur Rennes avec un effectif de 2289 hommes et 50 chevaux. Trois de ses compagnies, dont une de grenadiers, faisaient en outre, cette même année, la compagnie de la Méditerranée à bord du vaisseau amiral l'*Océan*, sous les ordres de l'amiral Bruix. L'historique du corps, aujourd'hui 40e Régiment d'Infanterie, en garnison à Nîmes, ne fait pas mention de la part prise par la 40e Demi-Brigade aux évènements du Mans en 1799. *Lettre de M. le colonel Souhart, du 30 mai 1899*: nous prions M. le colonel Souhart, qui a été plusieurs années en garnison au Mans comme lieutenant-colonel, avant de commander le 40e Régiment d'Infanterie, de recevoir tous nos remerciements pour les renseignements qu'il a bien voulu nous communiquer. — La 40e Demi-Brigade, dite de deuxième formation, réorganisée à Lyon en l'an IV, avec des bataillons de divers corps, succédait à la 40e de première formation, laquelle succédait elle-même au 40e Régiment, ancien Régiment de *Soissonnais*. V. général Susanne. *Histoire de l'Infanterie française*.

malveillans » l'accusèrent de recéler dans ses rangs trente émigrés ! Pour comble de mauvaise chance, une de ses patrouilles, quelques jours plus tard, tuait dans une reconnaissance de nuit le commandant de la garde nationale de Pontlieue, qui l'avait prise pour une bande de Chouans et s'était sauvé à son approche. L'incident, fort simple, ne provenait que du manque de sang-froid et d'instruction militaire des gardes nationaux. Il n'en fut pas moins commenté avec passion, et acheva de tendre au plus haut point les rapports entre la 40° demi-brigade et les habitants.

Les officiers eurent beau déclarer « qu'ils étaient jaloux » de mériter l'estime des républicains et de détruire les » espérances des royalistes », les autorités demandèrent le départ du régiment avec autant d'instance qu'elles avaient réclamé son arrivée. Il leur fut accordé en principe. En attendant, les compagnies de la 28° légère, retirées du Mans juste à cette date, y furent remplacées momentanément par de nouveaux détachements de la 40° avec l'état-major. Le 6 vendémiaire an VIII (28 septembre), quelques paroles trop vives échappées au général Simon sur la place des Jacobins, lors de la revue de départ de la 28°, donnaient encore lieu à une scène regrettable d'insubordination et à une violente attaque du *Courrier de la Sarthe* contre le général (1).

En octobre 1799, la ville du Mans se trouva par le fait réduite à 300 ou 400 hommes de la 40°, dont les deux tiers étaient, dit-on, des conscrits belges (2), à une compagnie de garde nationale soldée, formant colonne mobile sous le

---

(1) Sur l'incident de Pontlieue et ces différents conflits, voir les *Affiches du Mans* des 15 fructidor, 5° jour complémentaire an VII, et 5 vendémiaire an VIII ; le *Courrier de la Sarthe,* du 2° jour complémentaire an VII, des 2, 6 et 8 vendémiaire an VIII, et les dossiers L. 197, 198 des Archives de la Sarthe.

(2) Deux compagnies formées en colonne mobile, et plusieurs autres détachements avec un effectif égal d'environ 300 ou 400 hommes, avaient été envoyés en dehors du Mans, sur différents points du département.

commandement du capitaine Lecornué, mais ne fournissant pas de service permanent, et à la garde nationale sédentaire aux ordres du citoyen Le Prince-Claircigny. Des actes de maraudage, commis par les soldats dans les vignes de la banlieue, en répresailles peut-être des attaques de presse, avaient encore excité les esprits (1), de sorte qu'à la faiblesse numérique de la garnison s'ajoutaient, pour paralyser la défense, le manque de confiance dans le général, des soupçons injustes de la part des habitants et d'inévitables rancunes de la part de soldats qui avaient leur ordre de départ dans leurs gibernes (2).

Un seul officier imposait le respect par sa brillante réputation, le chef de la 40ᵉ demi-brigade, M. Auvray, venu à la dernière heure rejoindre son corps au Mans. Ancien gendarme de la reine, plus tard capitaine dans un des régiments de Paris, Louis-Marie Auvray, né à Poitiers en 1762, avait fait campagne à l'armée du Nord où il avait conquis en 1794 le grade de chef de bataillon et en 1795 celui de chef de brigade. Intelligent, modéré et énergique, il devait jouer un rôle important dans l'épisode que nous étudions et bientôt dans l'histoire du département de la Sarthe.

Quant aux autorités civiles, nous n'en dirons rien, de peur d'avoir trop à en dire. L'organisation administrative, beaucoup trop compliquée alors, favorisait de nombreuses intrigues, de multiples compétitions, et sous prétexte d'éviter les dangers de la centralisation provoquait l'anarchie (3). D'après la Constitution de l'an III, le gouvernement

(1) *Ordre du jour de la 1ʳᵉ subdivision, du 15 vendémiaire an VIII*, Archives municipales, 1399.

(2) La 40ᵉ Demi-Brigade avait reçu, dès le 30 fructidor, l'ordre de se diriger sur Rouen.

(3) V. entre autres la *Relation historique* des mss. de la Crochardière et les *Mémoires de Besnard*, publiés par M. C. Port, Angers, 1880, II, p. 160.

était plus spécialement représenté au chef-lieu de chaque département, par un « Commissaire du Directoire près l'Administration centrale. » Depuis la destitution de Baudet-Dubourg, compromis par son invention des otages, ces fonctions étaient exercées au Mans par le citoyen Jouennault, qui avait sous ses ordres, dans les campagnes, des commissaires de canton trop souvent illettrés et incapables. La situation administrative n'était pas meilleure que la situation militaire.

Grâce à tant de faiblesses, l'insurrection se propage rapidement de la fin d'août au commencement d'octobre. Tercier bat des colonnes républicaines aux environs de Château-Gontier et de Sablé, Beauregard s'empare de Bais, Bourmont remporte à Louverné, sous les murs de Laval, une véritable victoire, qui lui vaut 400 fusils et coûte près de 200 morts à ses adversaires, 1er octobre 1799 (1), puis il revient dans la Sarthe par une marche rapide et concentre ses forces autour de La Flèche.

Le 11 vendémiaire an VIII (3 octobre), l'administration centrale écrit au général Vimeux : « Les brigands sont
» répandus sur tous les points de notre département en
» nombre considérable, et nous sommes menacés de l'inva-
» sion de ceux de la Mayenne ; les récoltes des domaines
» nationaux et des patriotes sont enlevées ; les patriotes sont
» chaque jour assassinés ; les jeunes gens de la réquisition
» et de la conscription que nous avions tentés de réunir en
» compagnies franches, sous le nom moins inquiétant pour
» eux de colonnes mobiles, se refusent de répondre à l'appel,
» et nous n'avons qu'un bataillon composé en partie de
» conscrits peu propres au genre de guerre qu'ils ont à

---

(1) Voir, en outre des *Affiches du Mans*, du *Courrier de la Sarthe* et des *Mémoires de Tercier* qui donnent de nombreux détails sur ces premiers évènements de la campagne, un *Bulletin de l'Armée royale du Maine*, du *1er octobre 1799*, conservé aux Archives de la Sarthe, L. 307, imprimé de 4 pages in-8º, rarissime.

» soutenir, dans laquelle il ne faudrait employer que des
» soldats bien disciplinés et capables de résister aux moyens
» de séduction qu'on emploie pour les porter à la désertion.
» Les renforts que vous nous avez annoncés des 5º et 6º
» demi-brigades ne sont point arrivés; quelques pressantes
» que soient les démarches que nous ayons faites pour en
» accélérer la marche, nous n'avons pu les obtenir. Le
» ministre de la guerre nous écrit à l'instant qu'une colonne
» de 1,800 hommes [de l'armée d'Italie, garnison de
» Mantoue], a dû arriver à Tours le 10 de ce mois, qu'elle
» sera incessamment suivie de trois autres de 3,000 hommes
» chacune, et il nous promet une grande part dans la distri-
» bution de ces troupes dont la première colonne doit servir
» au remplacement de la 40ᵉ demi-brigade. Jamais secours
» ne furent plus pressans, citoyen général, *des malheurs*
» *effrayants nous menacent et quelques jours de retard*
» *peuvent nous mettre dans l'impuissance de les éviter* » (1).

Dix jours après, 22 vendémiaire (14 octobre 1799), nouvelles doléances aux ministres de la Police et de l'Intérieur :
« Les Chouans, définitivement organisés, se montrent partout
» en force, leur audace s'accroît chaque jour avec leur
» nombre, et chaque jour le courage de nos concitoyens
» diminue. La force armée à notre disposition est insuffi-
» sante, même pour protéger les principales routes qui
» aboutissent à ce chef-lieu, et qui, dans l'instant, sont
» interceptées sur différents points. Depuis quelques jours
» nous n'avons plus de communication avec Alençon, Laval
» et Angers; nous apprenons même aujourd'hui qu'entrés
» cette nuit à Foulletourte, les Chouans nous coupent toute
» relation avec La Flèche. Dans cette affreuse position...,
» nos demandes réitérées auprès du gouvernement et du
» général en chef ayant été jusqu'à ce jour infructueuses,
» nos malheureuses contrées sont destinées à devenir la proie
» des Chouans et le tombeau des amis de la République.

(1) Archives de la Sarthe, L. 166, fol. 74.

» Citoyen ministre, *nos dangers sont extrêmes, ils ne peu-*
» *vent plus être exagérés* » (1).

À la même heure, le commissaire Jouennault rédigeait un long rapport, non moins désespéré, aux députés de la Sarthe. Après avoir insisté, lui aussi, sur le manque de moyens militaires qui rendait impossible toute offensive et compromettait même la défensive, il reconnaissait loyalement que l'exécution littérale de certaines lois de répression devenait impraticable « en face des crimes à l'ordre du jour », qu'on ne pouvait plus « influencer des masses de » rebelles en frappant les royalistes, car encore *fallait-il de* » *la justice et de la raison dans l'application de la loi* ». Il terminait par un récit détaillé des derniers évènements et de la panique qui régnait au Mans, sans se douter, le malheureux commissaire, que la catastrophe allait éclater comme un coup de foudre soudain, et que son rapport ne partirait même pas ! (2).

Restituons, à l'aide de ce document fort intéressant et de plusieurs rapports ultérieurs, la série tragi-comique de ces évènements qui marquèrent au Mans les journées suprêmes des 21 et 22 vendémiaire (13 et 14 octobre 1799).

Le 21 au matin, alors que les autorités civiles et militaires, fort inquiètes d'un avis récent de l'administration de Maine-et-Loire leur annonçant l'attaque incessante du Mans, se demandent avec anxiété ce que projettent les Chouans, un jeune homme, blond, de 25 à 30 ans, aux yeux vifs et à l'expression intelligente, « vêtu d'une redingote grise tirant » sur le vert dont le collet de velours est blanchi de poudre, » d'un pantalon de velours et de bottes à la hussarde », se présente inopinément chez le commissaire Jouennault. Il lui dit se nommer La Garancière, natif d'Angers, avoir fait cinq campagnes dans l'artillerie, pris part à la conquête de la Hollande, et être employé au ministère de la police qui l'a

(1) Archives de la Sarthe, L. 166, fol, 88.
(2) Archives de la Sarthe, L. 193.

chargé de surveiller les rebelles de l'Ouest ; qu'en conséquence il arrive du quartier-général de Bourmont, « son ancien camarade et ami », près de qui il s'est fait passer pour émigré, qu'il a assisté au conseil des brigands et qu'il vient dévoiler leur marche aux autorités de la Sarthe.

Le commissaire Jouennault tout d'abord se tient sur la réserve, mais le jeune homme « parle très bien », et lui exhibe successivement une commission signée du ministre de la Police pour *mission secrette*, un passeport du comte de Bourmont, et un autre du bureau central de police de Paris « comme marchand ». Séduit par de si belles paroles et de si beaux documents, le commissaire se laisse convaincre. Il conduit La Garancière au général Simon qui, après un nouvel interrogatoire, lui accorde également sa confiance, et d'accord avec le citoyen commissaire l'invite même à dîner !

Très fiers de leur homme, Jouennault et Simon s'empressent d'avertir l'administration centrale et le présentent à plusieurs de ses membres. Les administrateurs doutent à leur tour. La Garancière leur exhibe alors une pièce du genre de celle-ci, que la suite de l'histoire rend doublement curieuse :

« J'ai chargé, citoyen commissaire, le citoyen La Garan-
» cière, porteur de la présente, de surveiller dans les dépar-
» tements de l'Ouest les causes et les auteurs des troubles
» qui les agitent. *Le Directeur Gohier m'a inspiré la plus*
» *grande confiance dans les talens et le patriotisme de ce*
» *citoyen. Je vous engage à la partager et à le seconder dans*
» *ses fonctions de tous les moyens qui sont en votre pouvoir,*
» Salut, etc.

Fouché (1).

(1) Cette lettre, absolument authentique, avait été écrite par Fouché au Commissaire du Directoire à Angers, pour accréditer La Garancière auprès de lui. Une copie en sera transmise par le destinataire à son collègue du Mans.

Une telle référence ne pouvait se discuter. Comme le commissaire et le général, les administrateurs s'inclinent très bas devant un personnage si bien commandité, et leur confiance s'accroît encore de ce fait qu'un de leurs collègues, originaire d'Angers, se rappelle avoir connu effectivement, dans cette ville, quinze ans plus tôt, une famille La Garancière.

Dès lors, La Garancière est écouté comme un oracle et un sauveur envoyé par les dieux.

Le 17 vendémiaire (9 octobre), il a quitté, prétend-il, à Précigné, Bourmont et sa bande forte déjà de 2,000 hommes, qui a séjourné plusieurs jours dans cette commune et y a fabriqué 10,000 cartouches avec de la poudre fournie par les Anglais. Le 22, un convoi de munitions escorté par une avant-garde de Chouans doit se diriger sur Saint-Calais. Le 23, Bourmont se mettra en marche avec le gros de ses troupes ; fera une promenade militaire par Château-du-Loir où il enlèvera les armes et les jeunes gens, et se portera le soir sur Saint-Calais. Il y sera rejoint par Beauregard avec 700 ou 800 Chouans de la Mayenne et un détachement de cavalerie envoyé de Normandie par Frotté. Le 24 et jours suivants, après la concentration de tous les rassemblements, il attaquera La Flèche avec 3,000 hommes environ, et peut-être même Le Mans, selon le plus ou moins de forces qui se trouveront dans chacune de ces deux villes.

Si bizarre que puisse paraître le mouvement sur Saint-Calais, ce plan ne provoque aucun soupçon : les Chouans « sont friands de canons, » et la ville de Saint-Calais possède deux petites pièces faciles à prendre. Tous les ordres sont donc aussitôt combinés d'après les renseignements de La Garancière.

Des courriers sont expédiés à Saint-Calais et à Châteaudu-Loir pour prévenir les habitants et la compagnie de la 40ᵉ demi-brigade qui y est détachée, puis à Tours, au général Vimeux, pour l'inviter à faire filer de suite sur Le Mans, à marches forcées, 2,000 hommes de l'armée d'Italie. On expédie à Beaumont-sur-Sarthe, au commandant du bataillon de la 6ᵉ demi-brigade qu'on y attend le jour même, et à Laval, aux six compagnies de la 5ᵉ annoncées depuis longtemps, l'ordre de doubler les étapes. Le général Simon rappelle en toute hâte les derniers cantonnements de la 40ᵉ, consigne les compagnies du Mans à la caserne de Saint-Vincent, « les guêtres aux jambes, » fait mettre les canons et munitions en état, prévient les chefs de la garde nationale et de la gendarmerie. Un poste est établi à Pontlieue pour garder le pont de l'Huisne, le courrier postal de Paris à Nantes est arrêté au passage.

Ce même jour 21 vendémiaire, vers 5 heures du soir, arrivent au Mans les autorités de Foulletourte et 38 hommes de la 40ᵉ qui étaient cantonnés dans ce bourg. Ils se replient devant les Chouans entrés à Foulletourte au nombre de 1,000 à 1,200, disent-ils, tambours et drapeaux en tête, venant de La Suze et de Malicorne. Cette nouvelle redouble la panique, mais, deux heures plus tard, deux espions envoyés par le commissaire Jouennault aux trousses de *Branche d'Or*, rentrent de leur expédition, annonçant enfin de la part du général Vimeux le départ des renforts : un bataillon se dirige sur Le Lude et La Flèche où il doit être déjà parvenu ; un autre sur Château-du-Loir.

Réconfortés par cette nouvelle « consolante », les patriotes du Mans se bercent de la douce illusion que les « brigands » vont être pris entre deux feux et enveloppés dans un mouvement tournant. La nuit se passe tranquillement.

Le 22 vendémiaire (14 octobre), à la pointe du jour, La Garancière s'empresse de partir pour Saint-Calais, sous prétexte d'y surveiller l'arrivée de l'ennemi. Presqu'aussitôt des rassemblements sont signalés à deux ou trois lieues autour du Mans, notamment sur la route de La Flèche. A 2 heures de l'après-midi, le général monte à cheval avec une escorte de gendarmerie, et jusqu'à six heures du soir

— 28 —

dirige des reconnaissances sur les différents points où les Chouans ont passé. « Il ne voit rien, n'entend rien, » et on lui assure que les rebelles filent sur Château-du-Loir; « il se » persuade de plus en plus que La Garancière a dit la vérité » et que Le Mans ne peut être attaqué avant le 25. A 9 heures du soir cependant, sur un dernier avis des espions de l'administration qu'une colonne de Chouans a été vue à deux lieues, il double les postes, par acquit de conscience plutôt que par crainte (1).

Convaincu que la ville ne court aucun danger immédiat et que les brigands marchent sur Saint-Calais, il rassure une dernière fois l'administration, se croit suffisamment couvert par les quelques postes placés à l'entrée des principales routes et va se coucher paisiblement, laissant les soldats de la 40e dormir à la caserne Saint-Vincent, les officiers à leurs domiciles particuliers, les hommes de la colonne mobile et les gardes nationaux ronfler dans leurs lits.

Le réveil devait être pour tous singulièrement dramatique.

II

L'ATTAQUE

Mouvement concentrique de l'armée royaliste sur Le Mans. — Une marche nocturne de Chouans. — Surprise simultanée de la ville par les diverses colonnes. — Cruelle mésaventure du général Simon. — Attaque de la Maison commune, du Département et de la gendarmerie. — Le chef de brigade Auvray et le drapeau de la 40e — Le poste de Pontlieue. — Combat de Saint-Vincent et belle défense de la caserne. — Occupation définitive de la ville. — Pertes des Chouans, de la garnison et des habitants. — Episodes inédits (2).

Pendant que les autorités civiles et militaires du Mans,

(1) Archives de la Sarthe, L. 172 et 184. *Lettres et Rapports du Commissaire du Directoire près l'Administration centrale de la Sarthe;* L. 135, fol. 24 et 184, *Rapports de l'Administration centrale de la Sarthe aux ministres de la Police, de la Guerre et de l'Intérieur sur la prise du Mans par les Chouans.*

(2) Afin de ne pas ralentir inutilement le récit, nous renvoyons une

aveuglées par leur confiance dans l'éminent espion La Garancière, tremblaient charitablement pour leurs concitoyens de Saint-Calais qu'ils croyaient déjà la proie des « brigands », le comte de Bourmont, déjouant toutes leurs conjectures, s'était avancé à marches forcées vers le chef-lieu du département de la Sarthe.

Après avoir rôdé une huitaine de jours autour de La Flèche, il avait hésité, il est vrai, dans ses projets, mais sur le seul point de savoir s'il attaquerait en premier lieu La Flèche ou Le Mans. De Saint-Calais il n'avait été question que dans l'imagination féconde de l'agent du ministre de la police !

Les *Mémoires* de Tercier nous permettent en effet de suivre très exactement tous les mouvements de l'armée royale du Maine.

L'attaque de La Flèche ayant été abandonnée par suite de différentes considérations (1), les Mécontents avaient aussitôt quitté les environs de cette ville pour se porter sur Noyen et Malicorne (2). « Là, nous dit Tercier, mieux ren-
» seigné que tout autre en sa qualité de général en second,
» Bourmont convoqua les principaux chefs. Il leur fit part,
» en leur ordonnant le secret, de la résolution des généraux
» des armées royales d'attaquer, le 15 octobre, plusieurs
» villes à la fois : que lui se proposait d'attaquer celle du

fois pour toutes, en ce qui concerne ce chapitre, aux documents déjà cités, et en plus au dossier L. 273, des Archives de la Sarthe, qui nous a fourni la plupart des détails inédits.

(1) Voir M. de Montzey, *Histoire de La Flèche*, tome III.

(2) M. Legeay, dans ses *Recherches historiques sur Malicorne* (p. 94) a publié un procès-verbal très curieux de l'entrée des Chouans à Malicorne, le 20 vendémiaire (12 octobre 1799), dressé par le juge de paix Gaullier. La colonne comptait environ mille hommes qui se firent délivrer des billets de logement et « des chemises blanches en échange de celles qu'ils avaient sur le corps. » Ils arrêtèrent le postillon de la poste aux lettres, firent célébrer une messe dans le temple décadaire par un prêtre insermenté qu'ils avaient avec eux, et repartirent pour La Suze, le lendemain 13 octobre, à deux heures de l'après-midi.

» Mans. Nous raisonnâmes notre opération et nous con-
» vinmes de marcher à l'attaque sur cinq colonnes. Chaque
» chef de colonne reçut ses instructions. Le général en chef
» devait arriver par la route de La Suze, et moi par la route
» d'Ecommoy. » Tous les points furent ensuite soigneuse-
ment discutés, en cas de réussite ou de déroute, un centre
de ralliement fut désigné dans la ville, une ligne de retraite
déterminée.

MM. de la Mothe-Mervé et de Beauregard, qui avaient un
long trajet à faire pour se porter du côté où ils devaient
attaquer, emmenèrent les premiers leurs colonnes. Celles
de Bourmont et de Tercier se réunirent à La Suze. M. de la
Volvenne alla réunir sa troupe à Bellefille : il devait marcher
entre la colonne du général et celle de Beauregard pour lui
porter secours au besoin.

« Le 14 octobre au matin (22 vendémiaire), continue Ter-
» cier que nous allons suivre quelques heures, Bourmont se
» mit en mouvement et fit dans la journée ses préparatifs
» d'attaque qui devait avoir lieu sur tous les points à l'aube
» du jour. M. de Malartic, chargé du soin des vivres avec le
» curé de l'arigné, s'en occupa.

» Je me mis, de mon côté, en route de La Suze pour tour-
» ner la ville avec ma colonne et me rendre au point indi-
» qué. Je fis dans la journée sept ou huit lieues en marches
» et contremarches, pour dérober mes intentions aux répu-
» blicains qui avaient sur la campagne plusieurs émissaires
» chargés d'observer tous mes mouvemens : je les apercevais
» de loin. J'allai avec ma troupe diner à Foulletourte, ville
» sur la grande route du Mans à La Flèche [que les Chouans
» occupaient depuis la veille], au château des Perrets (1).
» J'en partis un peu avant la fin du jour, et, pour tromper
» les espions qui rôdaient autour de nous, je me portai à

(1) Le Château des Perrais, situé commune de Parigné-le-Pôlin, limitrophe de Foulletourte, appartient depuis plusieurs siècles à la maison de Broc.

» cheval sur le route d'Ecommoy à Château-du-Loir. Quand
» la nuit fut tout-à-fait venue, étant certain de ne pouvoir
» plus être aperçu, je revins par une contremarche sur mes
» pas et j'arrivai à huit heures du soir dans un village dont
» les Bleus venaient de sortir sans nous voir.

» La colonne que je conduisais était composée de soldats
» de mon ancienne division [division de Vaiges], qui se trou-
» vaient tout étonnés de se voir à vingt lieues de leur pays.
» Comme j'avais toute leur confiance, ils ne murmuraient
» point encore : seulement ils se disaient : Où nous mène
» donc notre général ?

» Arrivé au village, j'y fis réfectionner ma colonne et lui
» ordonnai de se tenir prête à partir à minuit. J'assemblai
» alors tous mes officiers, auxquels je fis prêter serment de
» ne rien révéler dans le village de ce que j'allais leur
» communiquer. Ils me le promirent.

» Messieurs, leur dis-je, le moment est venu de vous faire
» part de nos projets. Cette nuit nous attaquerons la ville du
» Mans. Nos plans sont arrêtés en conséquence.

» J'assignai à chaque capitaine son poste. Je choisis un
» officier brave et intelligent qui devait, après que nous
» aurions passé [l'Huisne] sur les planches du moulin, à
» l'entrée de la ville, se détacher, avec soixante hommes
» que je lui confiai, pour prendre à revers le poste républi-
» cain qui était à la barrière, à la route de Tours.

» Pour se reconnaitre pendant la nuit, je fis acheter dans
» le village plusieurs mains de papier blanc, dont les mor-
» ceaux furent distribués aux soldats, et qu'ils attachèrent à
» leur bras gauche. Je donnai les mots d'ordre et de rallie-
» ment qui étaient *Thérèse-Charlotte* (1). Nous n'étions qu'à

(1) Le mot de ralliement donné par le général Simon à ses soldats pour cette même journée du 23 vendémiaire était *Honneur*. Archives de la Sarthe, L. 198. *Série des mots de ralliement des troupes de la 1re Subdivision de la 22e Division militaire pour la dernière quinzaine de vendémiaire an VIII.* D'après Renouard, les mots de ralliement des Chouans eussent été *Thérèse* et *France*.

» trois lieues du Mans et nous devions commencer notre
» attaque à cinq heures du matin.

» A minuit je mis ma colonne en marche. Nous étions en
» pleine route, mais il faisait un brouillard fort épais, si froid
» et si pénétrant que je fus obligé de descendre de cheval.
» A la première ferme, je pris un guide qui nous conduisit à
» travers champs pendant l'espace de deux lieues. Nous
» n'étions plus qu'à une lieue de la ville. Je ne craignais
» point d'être aperçu, tant la nuit était favorable à notre
» entreprise. Je fis reposer ma troupe dans une ferme ou
» chaque soldat essuya et prépara ses armes. Je cheminai
» ensuite lentement, attendant l'heure convenue pour
» l'attaque générale : je n'étais plus qu'à une demi-lieue de
» la ville, lorsque j'entendis des coups de fusil tirés du côté
» de la route de La Suze ; il n'était que quatre heures et
» demie. Étonné, surpris, je fis avancer précipitamment ma
» colonne..... » (1).

Les Républicains, à ce même instant, n'étaient pas moins
stupéfaits.

Sur tous les points, les mouvements prescrits par l'État-
major royaliste s'étaient opérés dans la nuit avec une précision et une vigueur remarquables.

Le 23 vendémiaire an VIII, 15 octobre 1799 (2), à 4 heures
du matin, alors que Tercier n'était plus qu'à une demi-lieue
du faubourg de Pontlieue, au sud du Mans, Bourmont
arrivait à la même distance, au sud-ouest, par la route de
La Suze ; *Paratousky* et Beauregard, à l'ouest, par celles
de Laval et d'Alençon ; La Mothe-Mervé, chargé de tourner
la ville au nord, par les chemins de Neuville, Saint-Pavace
et Ballon. L'investissement de la place était dès lors

(1) *Mémoires de Tercier*, pages 325 à 328.
(2) Bien que contemporain de l'événement, Pesche lui-même commet
une erreur inexplicable en assignant pour date de la prise du Mans, le
14 octobre, dans son *Dictionnaire Statistique de la Sarthe*, tome I, page
CCCXCII.

complet, et au coup de cinq heures à l'horloge de la cathédrale, 3,000 hommes d'infanterie et 200 cavaliers, seraient entrés simultanément au Mans si l'avant-garde de *Paratousky* ne s'était heurtée, vers quatre heures, à une reconnaissance des postes républicains.

M. de Bourmont, comme Tercier, avait aussitôt hâté sa marche et prononcé son attaque.

Les avant-postes de Saint-Gilles et de la Croix-d'Or, après s'être bien défendus au premier choc, sont écrasés par le nombre ; « ils ne peuvent tenir qu'un quart d'heure ». Quelques minutes plus tard, les Chouans des colonnes de Bourmont et de *Paratousky* qui ont rapidement convergé vers le pont Perrin ou pont Saint-Jean, alors le seul débouché de la rue Dorée et de la traverse de la ville, l'occupent au pas de course.

A la tête du pont, ils entrevoient dans la nuit et le brouillard un cavalier isolé, venant à leur rencontre. Ils lui crient « Qui vive? » — « Républicain » répond l'inconnu d'une voix ferme ». — Cheval et cavalier roulent à terre, assaillis par une grêle de balles. Le cheval est tué raide, l'homme percé de coups est laissé pour mort au milieu de la rue. La colonne, sans s'arrêter, marche en avant et s'enfonce dans la ville ; les traînards dépouillent le blessé de son chapeau, de son habit et de ses armes.

Cette première victime, si vite et si facilement frappée, n'est autre que le général républicain commandant la place, le général Simon lui-même !

Au bruit des coups de fusil tirés par les postes extérieurs, l'infortuné général est sorti en toute hâte de son domicile particulier, situé rue Brutus (1), pour se porter vers la barrière de la route de Laval, la plus menacée, pense-t-il, en cas d'attaque sérieuse. Malheureusement, il ne croit pas

---

(1) Rue Saint-Julien-le-Pauvre, près de la Préfecture, aujourd'hui prolongement de l'Avenue Thiers.

encore à un danger immédiat, mais plutôt à quelque fatale erreur comme celle qui a déjà mis aux prises les soldats de la 40ᵉ et les gardes nationaux de Pontlieue. En entendant crier « qui vive ? » il a présumé avoir affaire à un détachement de ses propres troupes ! » Revenu à lui, couvert de blessures, après le passage des Chouans, il parvient à se relever, à s'enfuir vers la rivière qu'il traverse pour ainsi dire à la nage et s'asseoit, épuisé, sur le rivage ; il y restera plus de deux heures jusqu'à ce qu'on puisse le transporter à la manufacture d'indiennes du citoyen Desportes où nous le retrouverons plus tard.

Pendant ce temps, la colonne du comte de Bourmont qui ne trouve aucune résistance dans la ville endormie, précipite de plus en plus son mouvement, les hommes rangés sur deux lignes le long des maisons, le fusil braqué du côté opposé, prêts à tirer sur quiconque paraîtrait aux croisées. Elle arrive bientôt, par les rues de Sarthe (Grande-Rue) et Saint-Honoré, sur la place de la Liberté (place Saint-Pierre), où sont situés la Maison commune et l'arsenal (ancienne église Saint-Pierre-la-Cour).

Depuis quelques instants, le poste de soldats et de gardes nationaux placé sous le porche du Pont-Neuf, à l'entrée de l'hôtel de ville, a pris les armes et envoyé ses tambours de garde battre la générale. Quelques canonniers et quelques citoyens déjà réveillés accourent à son secours, on s'empresse d'ouvrir l'arsenal pour en retirer les canons et des cartouches. Un combat s'engage entre les assaillants, les soldats et les citoyens. Il dure peu. Le feu nourri des Chouans, beaucoup plus nombreux, ne tarde pas à disperser les défenseurs.

En vain, le citoyen Le Prince-Claircigny, chef de brigade de la garde nationale, tentera-t-il, vers cinq heures et demie du matin, un retour offensif sur la Maison commune. Il ne pourra réunir que *treize* de ses hommes et sera arrêté net dans la Grande-Rue, en face de la rue Saint-Honoré, par

« une compagnie entière de brigands. » C'est à grand peine qu'après avoir eu un homme tué et deux blessés, il parviendra à battre en retraite sur La Bazoge.

Maîtres de l'hôtel de ville, de l'arsenal et de la place de la Liberté, les soldats de la colonne de Bourmont se dirigent aussitôt vers la place du Château. Ils y rencontrent leurs camarades de la colonne de La Mothe-Mervé déjà entrés en ville par le tertre Saint-Vincent et le tertre Mégret (1), et qui viennent de surprendre, sous le porche du Château, un tambour de la garde nationale battant la générale.

La confusion inévitable produite par la réunion sur la place du Château des deux têtes de colonnes vaut à ce moment aux vainqueurs un léger mécompte.

Le chef de la 40e demi-brigade, M. Auvray, habite sur cette place, en face de la cathédrale (2). Surpris comme son général par la soudaineté de l'invasion, il veut à tout prix rejoindre ses soldats bloqués dans leur caserne de Saint-Vincent, en prendre le commandement et les conduire à l'ennemi. L'honneur militaire ne lui permet pas la moindre hésitation. Or, ne pouvant passer par force, il a recours à la ruse. Il sort sur la place en civil, se mêle adroitement aux Chouans et se présente comme un des leurs : « Silence, mes amis, leur dit-il, silence, serrez vos rangs, » puis il gagne la rue Saint-Vincent avec la rapidité de l'éclair et parvient à se jeter dans la caserne bien qu'il ait été reconnu et qu'il ait essuyé plusieurs décharges dans le haut de la rue.

C'est autour de la caserne de Saint-Vincent (3) que va maintenant se concentrer l'effort décisif de la lutte.

Avant d'en exposer les dernières péripéties, revenons à la colonne de Tercier que nous avons laissée en vue de Pont-

---

(1) Et aussi, paraît-il, par les écluses des vieux moulins qui donnaient jadis un aspect si pittoresque à ce côté du Mans.

(2) Aujourd'hui n° 4 de la place du Château.

(3) Ancienne abbaye de Bénédictins, célèbre dans l'histoire littéraire de la France.

lieue, au sud du Mans, et qui elle aussi vient d'opérer sa jonction avec les autres, dans la ville même.

Cette colonne, aux ordres de Tercier et du chef de division *Tranquille*, s'il faut en croire Renouard, s'était fractionnée en deux groupes en arrivant près du Mans. Le premier, se dissimulant dans les sapins de Changé, était allé passer l'Huisne au moulin de Noyers, avait coupé la grande route de Paris et atteint, par l'ancien « Chemin du Légat », les nouvelles promenades des Jacobins. L'autre, le plus important, conduit par Tercier lui-même, après avoir détaché soixante hommes pour tourner le poste républicain de Pontlieue, avait marché droit, par les rues Basses, sur l'ancienne abbaye de la Couture où se trouvaient les bureaux de l'administration départementale et la caserne de la gendarmerie.

A son approche, « le poste du Département, incapable de faire résistance, se retira partie vers la ville, partie dans la cour intérieure où les gendarmes se joignirent aux soldats. » Réunis, tous ensemble essayèrent une sortie. De multiples décharges les ramenèrent presque aussitôt dans la cour « dont ils fermèrent les portes. » Ils s'y maintinrent jusqu'à six heures environ, mais les Chouans ayant alors escaladé les murs, la débandade commença. Quelques gendarmes se réfugièrent dans la tour de l'église de la Couture, d'autres se cachèrent dans les maisons environnantes.

Plus que les soldats, ces gendarmes avaient à craindre la vengeance des Chouans qu'ils persécutaient depuis quatre mois. D'ailleurs, eux aussi, avaient perdu leurs officiers; le capitaine Philippon et le lieutenant Jobet, sortis à cheval au premier bruit de la fusillade, étaient tombés dans la Grande-Rue au milieu de la colonne de Bourmont, et n'avaient pu lui échapper, ventre à terre, qu'à la faveur de la confusion générale.

Le poste de la place des Halles ayant été évacué dès la première heure, les Chouans pouvaient désormais se répandre sans danger dans le centre de la ville.

Pour compléter leur victoire, il ne leur restait qu'à enlever le poste de Pontlieue qu'ils s'étaient contentés de faire cerner de peur de ralentir leur marche, et la caserne de Saint-Vincent.

Réfugié dans une maison au bord de la rivière, le poste de Pontlieue tenait mieux qu'on ne l'avait supposé. Le premier détachement expédié par Tercier n'ayant pu en venir à bout, le comte de Bourmont s'empresse de lui envoyer un important renfort avec une des pièces d'artillerie qu'il vient de conquérir. A huit heures du matin, les soldats de la 40ª qui défendent le poste, sont enfin obligés de capituler. Les Royalistes les emmènent au Mans après leur avoir fait tourner leurs habits à l'envers.

A la caserne Saint-Vincent, vers laquelle se sont portés Tercier et la plupart des officiers de M. de Bourmont, la lutte plus longue, plus meurtrière, prend les proportions d'un véritable combat.

Dès son arrivée, le chef de brigade Auvray, avec l'autorité et le coup d'œil qui le distinguent, a relevé le moral de ses soldats et fait de la caserne, rapidement fortifiée, un réduit fort respectable. La moitié environ de son effectif étant déjà dispersée ou prise, il lui reste à peine 200 hommes, en comptant les musiciens et les ouvriers de la demi-brigade. La défensive semble s'imposer.

Toutefois, une préoccupation domine toutes les autres pour les braves officiers de la 40ᵉ, pour les vétérans d'Arcole et de Rivoli. Le drapeau est resté chez le colonel, place du Château, au milieu des Chouans ! Il faut, coûte que coûte, aller le chercher.

C'est à la compagnie de grenadiers que revient l'honneur de cette périlleuse mission. Elle sort du quartier et s'engage dans la rue Saint-Vincent où l'accueille une fusillade terrible. Les coups de feu éclatent de tous côtés, les balles ricochent contre les croisées des maisons, quinze soldats tombent coup sur coup. Une demie obscurité rend la lutte sinistre. Malgré leurs efforts héroïques, les grenadiers ne peuvent passer : la rue, très étroite, forme un long défilé infranchissable qu'encombrent des masses de Chouans de plus en plus épaisses. Au bout d'une heure ou deux, la compagnie de la 40°, cruellement décimée, est contrainte de rentrer à la caserne.

M. Auvray concentre alors la majeure partie de ses hommes à l'angle intérieur du mur qui fait face à la rue, et pendant qu'ils fusillent de front les assaillants, il essaie à son tour une sortie avec un autre détachement du côté de Tessé. Il ne réussit pas davantage à rompre la ligne d'investissement. Quelques-uns de ses soldats sont de nouveau frappés ; lui-même reçoit deux balles dont l'une le blesse légèrement à l'épaule et l'autre s'amortit contre la monture de son sabre. Il lui faut définitivement renoncer à l'offensive et se renfermer dans l'enclos de Saint-Vincent.

Du côté des Chouans, La Mothe-Mervé, qui commande la principale attaque, vient d'être blessé mortellement et a donné l'ordre, pour en finir, d'amener les canons pris à l'arsenal. Une plus longue résistance devient d'autant plus impossible que les soldats de la 40° commencent à être démoralisés par leurs pertes, par le manque de vivres, par l'épuisement des munitions, surtout par la disparition si rapide de leur général qu'ils accusent de trahison.

Pour éviter une capitulation désastreuse, le chef de brigade Auvray fait abattre un pan de mur sur les derrières des jardins ; après *sept heures* de combat, il se met en retraite par cette brèche dans la direction de Ballon, où il arrivera peu après avec ses soldats exténués, plusieurs fonctionnaires publics du Mans, « de nombreux citoyens éplorés », et deux chariots de blessés.

Les Chouans, ralentis par sa belle défense, renoncent à le poursuivre. Ils entrent en vainqueurs dans la caserne, et sont dès lors maîtres de la ville. Il est environ 11 heures du matin.

Dans son ensemble, l'affaire présentait plutôt le caractère d'une surprise que d'un combat sérieux. Elle n'en coûtait pas moins aux deux partis et à la ville du Mans des pertes sensibles en tués et blessés.

Les pertes des Chouans, faute de documents officiels, sont les plus difficiles à connaître exactement. Les *Affiches d'Angers*, dans une correspondance datée du Mans le 26 vendémiaire, les évaluent seulement à deux tués et quelques blessés (1) ; Tercier dans ses *Mémoires* à un tué et quelques blessés ; le procès-verbal, dressé par la municipalité le 26 vendémiaire, dit « qu'on les ignore parce que les Brigands ont enlevé leurs morts et leurs blessés qui étaient en assez grand nombre ». Les *Affiches du Mans* prétendent qu'ils « emmenèrent trois voitures de blessés ». Le Commissaire Jouennault, dans une lettre du 7 brumaire, « déclare que la perte des Chouans a été *assez considérable*, qu'ils ont eu plusieurs voitures de blessés », mais il ne connaît pas le nombre de leurs morts (2). La vérité est sans aucun doute entre les deux affirmations extrêmes ; de toutes manières, il paraît certain que ces pertes furent moins nombreuses que celles des Républicains. Deux des meilleurs officiers royalistes avaient été atteints, M. de la Volvenne dit *Paratousky*, d'une balle à la cuisse, « dont il sera guéri au bout de quinze jours », et M. de la Motte-Mervé, devant Saint-Vincent, d'une balle dans l'aine, blessure très grave à laquelle il succombera trois jours plus tard. Cette mort sera particulièrement cruelle pour l'armée royaliste du Maine. M. de la Motte-Mervé était à tous égards l'un de ses chefs les plus énergiques et les plus estimés.

Du côté des Républicains, ainsi qu'il résulte du récit

---

(1) Nous devons à l'obligeance de M. le chanoine Urseau, correspondant du ministère de l'Instruction publique à Angers, les copies des articles des *Affiches d'Angers* sur la prise du Mans : nous le prions d'agréer tous nos remerciements pour cette intéressante communication.

(2) Archives de la Sarthe, L. 171.

précédent, la 40ᵉ demi-brigade fût la plus éprouvée. — Elle perdit environ 30 à 40 tués ou blessés, et bon nombre de prisonniers, entre autres un chef de bataillon, le commandant Boucher, que les Mécontents gardèrent six semaines.

Nous avons pu réunir des détails précis sur quatorze de ces blessés de la 40ᵉ : ils ne seront pas sans intérêt pour achever de peindre la physionomie du combat.

L'un des premiers frappés et le plus élevé en grade est le capitaine adjudant-major Laperrière, que les récits précédents disaient faussement avoir été tué et même écrasé sur le pont Saint-Jean, aux côtés du général Simon.

Réveillé à quatre heures du matin par une femme de la Grande-Rue, chez laquelle il demeurait, et par un homme qui venait lui demander les clefs de l'arsenal, le capitaine Laperrière s'était habillé en toute hâte et s'était rendu à l'arsenal. Les Chouans débouchaient au même instant sur la place : ils ne lui laissèrent pas le temps d'ouvrir la porte. Obligé de rétrograder par la rue du Coq-Hardi (1), le malheureux capitaine y fut blessé aux deux jambes par une même balle qui le renversa au coup. S'étant traîné sur le pavé, à l'aide de ses mains, jusque chez le citoyen Marchand, tourneur près de la prison, il y restera caché neuf heures de temps sous un lit. A 8 heures du soir seulement, il recevra les premiers secours et sera transporté à son domicile le lendemain 24 vendémiaire. Le 27, on lui fera l'amputation de la cuisse atteinte de la gangrène : le 8 brumaire, il succombera « autant de chagrin que des suites de l'opération », âgé seulement de trente ans.

Un second officier, le capitaine Londe, commandant la 5ᵉ compagnie du 2ᵉ bataillon et membre du Conseil d'administration de la 40ᵉ, avait été frappé à la même heure, dans des circonstances analogues, alors qu'il venait de quitter son logement de la rue de la Paille et qu'il courait à la

(1) Bien que Pesche attribue ce nom à la rue Courthardy, il doit s'appliquer ici à la rue Hallai, près de l'Hôtel-de-ville, où se trouvait une ancienne auberge dite du *Coq-Hardi*.

caserne rejoindre ses soldats. Au bas du perron de la place de la Réunion [place des Jacobins], un parti de Chouans avait fait feu sur lui, en criant : « Ah ! J. F. de républicain ! »

La poitrine trouée de trois balles, il avait cherché à se sauver, mais les forces lui ayant manqué après deux chutes successives dans la boue, il s'était assis sur une pierre au coin de la prison, en disant : « Je suis mort ! » Un citoyen charitable, le jeune Lacour, était alors venu à son aide et avait pu le conduire par le bras jusque chez lui, où il fut soigné peu après par le citoyen Desgraviers, élève en chirurgie.

Des douze autres soldats, l'un semble avoir été blessé en avant du pont Saint-Jean, onze dans la rue Saint-Vincent. Le plus grièvement atteint, Joseph Renard, tailleur à la 40e, fut rapporté mourant à la caserne : des habitants secourables allèrent l'y chercher dans l'après-midi, pour l'amener chez les filles Chapelain ; il expira le lendemain. Nous retrouverons ses onze camarades à l'hôpital d'Alençon où le chef de brigade Auvray les fera évacuer après sa retraite sur Ballon.

Aux pertes des troupes régulières doit s'ajouter celle d'un gendarme, le sieur Juteau, neveu du citoyen Juteau, accusateur public près le tribunal criminel. Juteau, originaire de Saumur, faisait partie de la brigade de Foulletourte qui s'était repliée au Mans dans la soirée du 21. Au lieu de loger avec ses collègues à l'auberge du *Dauphin*, il avait obtenu la permission de prendre gîte chez son oncle. En rejoignant la caserne de la gendarmerie à la Couture, vers cinq heures du matin, il s'était heurté, carrefour du Saumon, à une troupe de Chouans qui lui avaient crié de se rendre. Il leur avait répondu en tuant un brigand d'un coup de pistolet. Une grêle de balles l'avaient aussitôt étendu mort devant l'église paroissiale de la Couture (1).

(1) Distincte alors de l'église de l'abbaye qui seule a été conservée et tient lieu aujourd'hui d'église paroissiale.

La garde nationale, bien qu'elle n'ait pu être rassemblée, comptait elle aussi ses morts et ses blessés.

Les premiers étaient au nombre de six.

Jean-Julien Courtois, tisserand, âgé de 56 ans, du poste de la Maison commune, surpris par les Chouans sous le porche de la porte du Château avec le tambour qui battait la générale ; une balle au cœur, trois à la jambe.

Pierre Froger, jardinier à l'École centrale, âgé de 32 ans, tué dès la première heure à la porte Saint-Vincent en allant aux nouvelles.

Marin Aubry, 20 ans, tisserand à Saint-Pavin, et Pierre Étienne Bacque, 36 ans, tailleur, canonnier dans la compagnie du Mans, massacrés l'un et l'autre près du pont Saint-Jean qu'ils voulaient franchir pour venir au secours de la Maison commune. Les Chouans, déjà maîtres du pont, les avaient arrêtés en criant « qui vive ? » Sur leur réponse « Républicains », ils avaient fait feu ; Bacque tomba raide mort à la porte du citoyen Ducastel, de deux coups d'espingole à la poitrine et de plusieurs coups de baïonnette ; Aubry, tué au même instant, fut jeté à la rivière par dessus le pont.

Pierre Blanchet, maçon rue des Jardins, 32 ans, blessé mortellement rue de Jouye (1), lors du retour offensif tenté par M. Le Prince-Claircigny, sur l'Hôtel de Ville.

Jacques Gontier, entrepreneur, 28 ans, capitaine de la 3e compagnie du 1er bataillon, trouvé mort vers 9 heures du matin sous le porche d'une ruelle allant de la rue de la Sarthe à la rue de Jouye (2).

Parmi les blessés, sans aucun doute plus nombreux, nous

(1) Rue Saint-Pavin-la-Cité.
(2) Des pensions, variant de 100 à 200 fr., seront accordées plus tard par le Premier Consul aux veuves Froger, Bascle, Blanchet et Gauthier, ainsi qu'à la veuve du citoyen Saint-Simon, commandant de la garde nationale de Pontlieue, tué par la patrouille de la 40e Demi-Brigade. — Archives municipales, 1394.

pouvons citer : le garde national Barra, de service au poste du Puits-de-la-Chaîne, âgé de 30 ans, et Noël Bernard, 21 ans, scieur de long, volontaire dans la colonne mobile, qui furent transportés à l'hôpital pour y subir, le premier l'amputation de la cuisse, le second celle du bras ; René Chanteau, 23 ans, charpentier à Saint-Pavin, frappé aux côtés de Marin Aubry sur le pont Saint-Jean ; Raimond dit *Bel-Air* et le caporal Billoreau, du détachement Le Prince-Claircigny, etc.

La population civile, enfin, payait son tribut de six morts, trois hommes, une femme et deux enfants.

Des trois hommes tués, l'un était un pauvre diable assez obscur, fils d'un menuisier, le citoyen Mongendre, relevé sur la place des Jacobins, les autres deux des notabilités du parti républicain du Mans, Jacques-François-Xavier Boulangier, commis dans les bureaux du Département, et Pierre-Jean-Nicolas Thibault, juge au tribunal civil.

Né dans la Haute-Saône le 10 décembre 1748, Boulangier s'était jeté avec ardeur dans la Révolution : il avait épousé la sœur du célèbre colonel Coutelle chef des aérostiers et demeurait rue de Thionville (1), maison des Ursules. Sorti armé de chez lui, entre 4 et 5 heures du matin, avec un de ses collègues aux bureaux du Département, le citoyen Le Couteux, il avait rencontré les Chouans à l'entrée de la nouvelle rue des Minimes. Ayant répondu « Républicain » à leur « Qui vive », et refusé de se rendre, il avait reçu instantanément une balle dans la mâchoire, un coup de sabre à la bouche et plusieurs coups de baïonnette dans la poitrine. Son corps, dépouillé de son habit et de ses souliers, resta jusqu'au lendemain au coin de la rue et de la place des Halles.

Pierre Thibault, âgé de 50 ans, avait été blessé à la même heure, en défendant le poste de la Maison commune. La

(1) Rue Bourgeoise.

blessure était non seulement grave, mais fort mal placée. En le voyant tomber, des « brigands », peu compatissants, s'étaient empressés de vider ses poches et ses goussets en disant : « Voilà un pataud à bas ! il faut le tuer ! ». Le pauvre juge, terrifié, avait fait un effort désespéré, descendu le Pont-Neuf et trouvé asile chez le citoyen Ducy, rue des Falottiers : il succomba le 11 brumaire suivant.

Bien que Boulangier fut réputé un des « exclusifs » du Mans, et que Thibault eût tout d'abord prêté à rire par sa malencontreuse blessure, on doit reconnaître que tous deux moururent en braves, victimes de leurs convictions. De telles fins méritent toujours le respect, mais aussi on ne saurait les reprocher aux Chouans que toutes les lois de la guerre autorisaient à traiter en combattants les habitants rencontrés les armes à la main.

Si elles sont moins glorieuses, les trois morts qui nous restent à enregistrer sont donc les plus déplorables de toutes, car elles frappèrent des êtres bien innocents et absolument inoffensifs ; une pauvre vieille fille de la rue Montbarbet, Marie Leproust, âgée de 60 ans, atteinte d'un coup de feu au sein droit, vers 9 heures du matin, du côté de Tessé, et deux enfants de 13 et 14 ans, François Gasnier et Guillaume Marchand.

Fils de modestes ouvriers, les deux gamins avaient échappé à leurs parents au plus fort de la bagarre et s'étaient glissés dans l'arsenal avec quelques camarades, pour y dérober de la poudre et des armes. Vers 9 heures du matin, un Chouan maladroit ayant laissé tomber une amorce enflammée sur la poudre qui jonchait le pavé, une explosion terrible se produisit, crevant la voûte, ébranlant les murailles et déterminant un incendie. Deux heures plus tard, les deux enfants étaient retirés des débris, à demi carbonisés.

Si cruels que fussent ces accidents, ils provenaient plus de l'imprudence des victimes elles-mêmes que de la volonté des combattants. Tous, sans distinction de parti, les regrettèrent sincèrement.

En somme, cette funeste journée du 23 vendémiaire coûtait à la ville du Mans, sans compter les soldats, douze de ses habitants.

Nous verrons, dans le chapitre suivant, ce qu'elle devait lui coûter au point de vue matériel, en reconstituant avec une entière impartialité les multiples épisodes de l'occupation.

III

L'OCCUPATION

Première journée, 23 vendémiaire : Envahissement des établissements publics et de plusieurs maisons particulières ; Ouverture des prisons ; Saisies des caisses de l'État ; Réquisitions ou pillages ; Odysée de l'ex-conventionnel Levasseur ; Aventure peu héroïque d'un juge avide de gloire ; Attitude des Chouans vis-à-vis des blessés et des prisonniers. — *Deuxième journée :* Exode pittoresque des autorités ; Règlements de comptes ; Destruction des archives ; Petite fête royaliste et grande revue ; Réapparition inattendue de l'agent La Garancière ; Le général Simon ; Un banquier malgré lui. — *Troisième journée :* Liquidation des affaires en cours ; Infortune de la musique municipale. — Bilan réel de l'occupation ; Appréciations de l'histoire.

A toutes les époques et dans toutes les circonstances, la prise d'une ville, après un combat de rues, entraîne des excès, ou tout au moins des actes d'indiscipline qui paraissent fort durs aux vaincus. On a donc apprécié de bien des manières différentes, depuis cent ans, la conduite des chefs royalistes et de leurs soldats pendant les trois jours qu'ils devaient occuper Le Mans.

Pour la première fois, nous allons essayer d'établir la vérité, en contrôlant et complétant les renseignements déjà connus avec une série de documents officiels dont on ne saurait discuter l'authenticité, les procès-verbaux dressés, dès le surlendemain du départ des Chouans, par les juges de paix des deux arrondissements du Mans, sur la réquisition des autorités municipales, en exécution de l'article 83 du Code pénal et de la loi du 24 messidor an VII relative à la répression du brigandage (1).

Ces procès-verbaux, inédits jusqu'ici, sont tous d'origine républicaine. Par suite, loin de tendre à l'indulgence pour les Chouans, ils n'ont assurément dissimulé aucun des faits qu'on pouvait leur reprocher. De leur comparaison avec les affirmations royalistes, surgira la vérité, dégagée des exagérations ou des calomnies de l'esprit de parti.

Nous suivrons autant que possible, dans ce récit de l'occupation, l'ordre chronologique, afin de consacrer à chacune des trois journées son caractère particulier.

Première journée : 23 vendémiaire an VIII.

Ce fut nécessairement dans le cours de la première journée et surtout dans le cours de la matinée, alors que le combat durait encore, que se produisirent les actes de dévastation les plus graves.

Comme toujours aussi, ce fut la Maison commune que les Chouans envahirent en premier lieu. Il était à peine 5 heures 1/2 du matin qu'ils y pénétraient après avoir dispersé le poste qui la gardait.

Tout d'abord, « les portes des différents bureaux de l'administration municipale sont enfoncées, les vitres cassées, les meubles brisés, les registres et dossiers jetés à terre ou par les fenêtres ». Dans le bureau des contributions, « l'emblème de la Liberté est arraché de la cheminée ». Dans le bureau militaire, une centaine de fusils et 30 baïon-

---

(1) Archives de la Sarthe, L. 273. — Sauf indication spéciale, ce sont ces intéressants documents qui nous ont donné tous les détails de ce chapitre. Ils forment six cahiers manuscrits format papier écolier, contenant 25 procès-verbaux pour le premier arrondissement et 23 pour le second.

nettes sont enlevés. Dans les autres bureaux, le velours d'Utrecht des banquettes est arraché, des assignats brûlés, une somme de 6999 fr. prise au trésorier, ainsi que « l'argenterie provenant des quatre églises paroissiales. » Le bureau de bienfaisance, il importe de le remarquer, est de beaucoup moins maltraité. Le citoyen Le Prince, son président, déclarera le 28 vendémiaire « que les titres essentiels ont » été retrouvés, qu'il ne manque que plusieurs petits meubles » et ustensiles estimés six francs ». Le total des pertes de l'administration municipale est porté par le juge de paix à 9878 fr., y compris les 6999 fr. pris au trésorier. Malheureusement les Chouans reviendront le lendemain brûler une partie des archives.

En outre de la municipalité, l'ancien Palais des comtes du Maine, devenu le Palais national de la Commune du Mans, abritait alors les deux justices de paix, la police correctionnelle, le tribunal criminel, et au deuxième étage le bureau de garantie. Les Chouans n'eurent garde d'oublier ces différents locaux.

A la justice de paix du 1er arrondissement, ils forcèrent la porte d'entrée, une armoire à deux battants et jetèrent à terre les minutes et les lois. Toutefois, « examen fait après » leur départ, il ne se trouvera aucune minute défaillante »; quelques numéros du *Bulletin des Lois*, le costume du juge de paix et une somme de 6 fr. ont seuls disparu. A la justice de paix du 2e arrondissement, on ne constatera que la disparition de quelques pièces à conviction et d'une procédure instruite contre une femme accusée d'avoir avalé un billet de 700 fr.

La police correctionnelle est moins respectée : tout est brisé, les lois et papiers sont foulés aux pieds, diverses sommes d'argent volées, ainsi que « des effets servant au culte catholique, trouvés chez des personnes suspectes ». Les manteaux de soie noire, les rubans tricolores, les médailles, les chapeaux et plumets des juges, sont irrévérencieusement dérobés : les vainqueurs s'en parent aussitôt, à la grande indignation de certains patriotes qui leur feront de cette espièglerie un crime pendable.

Au tribunal criminel, répétition de la même pièce, moitié tragique, moitié comique, sans variante notable.

Au bureau de garantie, les poinçons servant à marquer les ouvrages d'or et d'argent sont enlevés de leur coffre à trois clefs, emportés ou jetés « dans la place ». La recette du droit de garantie, soit 40 francs 60, disparaît, avec les objets de bureau du contrôleur, y compris son flacon d'eau forte et sa loupe.

En même temps qu'au Palais national, dès cinq heures du matin, la colonne du comte de Bourmont s'était portée aux anciennes prisons, qui y étaient contigues et tenaient lieu de maison de justice. Le concierge Girouard, en apercevant les Chouans d'une croisée de la rue du Coq-Hardi, avait donné l'alarme aux hommes de garde, mais « il n'avait pas osé les requérir de tirer par les fenêtres de peur de tuer les citoyens et les militaires pêle-mêle avec eux ». Un instant après, de nombreux détachements cernaient la prison et tiraient des coups de fusil dans la porte. L'un des assaillants cria au concierge fort effrayé : « Girouard, notre ancien lieutenant dans les Belges, nous sommes de tes anciens soldats, rends-toi, il ne t'arrivera aucun mal ». Presqu'aussitôt, un cavalier débouchant de la rue du Gué-de-Maulny ajoutait : « C'est encore là une prison, il faut la faire ouvrir ». En conséquence de cet ordre, plus de cent Chouans s'étaient groupés devant le guichet, menaçant Girouard d'enfoncer la prison à coups de canon et de la brûler avec lui, sa famille et la garde. Girouard avait ouvert. Les Chouans après s'être empressés de désarmer les dix hommes de garde ainsi que les deux caporaux, avaient mis en liberté cinquante-un détenus. Leurs anciennes relations avec Girouard ne les empêchèrent pas de lui prendre, en guise d'adieux, quelques écus, des armes, une montre et différents vêtements qu'il évaluera très largement, il nous semble, à 500 francs.

Le combat, cependant, continuait sur plusieurs points et devenait même fort sérieux dans le faubourg Saint-Vincent. Les envahisseurs devaient songer, avant tout, à compléter leur armement. Nous les voyons dès lors, vers six heures du matin, dévaliser les quatre armuriers de la ville, Thirache, père et fils, et Guillaume Loué, rue Dorée, Denis, section de l'Égalité ; la valeur des armes enlevées au premier est de 1577 francs 25, au deuxième, de 545 francs 25, au troisième, de 1459 francs 75, au quatrième, de 820 francs. Ils commencent ensuite à vider l'arsenal, situé dans l'ancienne église Saint-Pierre-la-Cour : ils y trouvent sept pièces de canon, un caisson, 1000 à 1200 fusils, six barils de poudre et un grand nombre de cartouches. Ces armes et ces munitions étaient incontestablement de bonne prise pour les vainqueurs : leur enlèvement était conforme aux lois de la guerre.

Il n'en est pas de même d'un acte de représailles auquel quelques-uns d'entre eux s'abandonnaient en ce moment place du Château. Vexés d'avoir laissé échapper le chef de la 40º demi-brigade, deux ou trois cents Chouans, rangés en bataille sur la place, avaient sommé, dès cinq heures et demie, le citoyen Anfray, chez qui logeait M. Auvray, de leur livrer les chevaux et les effets du brave officier, avec tout ce qui appartenait à la demi-brigade. Le citoyen Anfray avait refusé, et les Chouans, il faut le dire à leur décharge, n'avaient pas insisté. Mais, une demi-heure après, excités sans doute par l'ardeur du combat, ils revinrent plus décidés. Ayant d'abord aperçu un enfant de cinq ans, le fils du citoyen Anfray, ils essaient de le prendre par la douceur : « Mon petit, lui disent-ils, viens nous ouvrir la porte, nous ne te ferons pas de mal ». « Non, répond l'enfant, mon papa ne veut pas ». Les assaillants aussitôt enfoncent le portail et se répandent, les uns dans les écuries, les autres dans la maison. Ces derniers, conduits paraît-il, par un déserteur de la 24e demi-brigade, dévastent l'ancien appartement du chef de brigade Ferey, qu'ils croient occupé par M. Auvray. Ils y prennent 1100 francs en écus, des chemises, des mouchoirs, des cravates, les robes et les bijoux de la citoyenne Anfray. Ils brisent également le mobilier du salon et de la salle à manger, mais ils ne peuvent trouver le drapeau de la 40e, qu'on a caché en toute hâte dans un tas de foin. Finalement, ils demandent à boire et se font donner environ cent cinquante bouteilles de vin, dont cinquante de vin de Champagne. Un tel acte de pillage était inexcusable : tout au plus peut-on dire que l'invasion de la maison s'imposait, au point de vue militaire, par la nécessité de s'emparer sans retard du drapeau de la 40e et d'éviter ainsi l'effusion de sang qu'il devait bientôt coûter aux combattants.

La colonne de Tercier, qui, comme nous l'avons dit, avait occupé le centre de la ville, se laissait entraîner, elle aussi, pendant cette scène, à des actes répréhensibles. Elle avait réglé ses vieux comptes avec les gendarmes en dévastant totalement leur caserne de la Couture, s'emparant non-seulement des chevaux, des armes et de la caisse du conseil d'administration, mais aussi des effets personnels des gendarmes, de l'argent, du linge, des vêtements des officiers et de leurs femmes.

La même colonne avait ensuite envahi les bureaux de l'administration départementale et leur avait fait subir le même sort qu'à ceux de l'administration municipale. « Les bureaux du rez-de-chaussée avaient été les plus maltraités, notamment ceux du secrétariat et des archives, des contributions, de l'emprunt forcé, des dépôts d'armes et équipements militaires, et la salle des séances ». Parmi les principales prises, citons « un habit militaire envoyé par le gouvernement pour modèle de l'équipement des légions franches, trois cents paires de souliers, deux cents gibernes, cent havres-sacs en peau de veau, plusieurs pierres précieuses, tous les sceaux et cachets de l'administration, des calices d'argent ou d'étain et beaucoup d'ornements d'église provenant des saisies faites chez des prêtres réfractaires ». L'administration du canton du Mans, qui siégeait également à la maison nationale de la Couture, avait eu pour son compte ses portes et fenêtres brisées, ses meubles enfoncés, ses registres, lois et papiers dispersés ; on lui avait volé, à son grand désespoir, plusieurs passeports ou cartes de sûreté, et « brisé différentes bannières représentant des inscriptions républicaines (1) ».

Les envahisseurs, enfin, étaient montés au premier étage dans le Museum, et au second dans la Bibliothèque publique. Ils s'y étaient conduits, on doit le reconnaître, avec beaucoup plus de modération. Au Museum, ils avaient enlevé seulement quatre modèles de petits canons de fonte et causé une perte d'environ 70 francs au concierge. A la Bibliothèque, ils avaient dispersé la moitié du médaillier, pris dix paquets de pierres précieuses, quelques rares volumes « dont un de la belle édition de Jean-Jacques ; une » chappe et deux dalmatiques aussi riches par l'or et les » médaillons que par la perfection du travail » : le plus gros méfait qu'on aura à leur imputer ici sera d'avoir brisé les plâtres de l'*Apollon du Belvédère* et du *Gladiateur*, dont la nudité effaroucha sans doute leur pudeur, et un buste de *Buonaparte !* « A quelques bouleversements près, conclura » le bibliothécaire Renouard dans sa déposition, la biblio- » thèque n'a pas autant souffert qu'on avait lieu de le » craindre ».

De la Maison nationale de la Couture et de la place de l'Éperon, les colonnes de Tercier et de Bourmont avaient

---

(1) Un procès-verbal particulier fut dressé à la requête de cette administration par le juge de paix du canton du Mans *extra muros*, Archives de la Sarthe, L. 273.

gagné la place des Halles. Là, conformément à tous les règlements militaires, elles s'étaient emparées au plus vite des chevaux de poste « avec les harnais de voitures et diligences », elles avaient dévalisé le coffre-fort du bureau des Messageries et saisi, pour ainsi dire au vol, le courrier de la poste aux lettres de Paris à Nantes. Le malheureux courrier, on se le rappelle, avait été arrêté l'avant-veille à son passage au Mans par mesure de prudence, mais le 22 au soir, le Commissaire Jouennault, trop bien rassuré par La Garancière, lui avait donné l'ordre de départ pour le matin de ce jour néfaste 23 vendémiaire. Au moment même où il sortait du Bureau de poste, à quatre heures et demie du matin, il tomba littéralement dans les bras des Chouans qui cueillirent aussitôt ses dépêches dans la cour d'une maison où il avait jeté sa voiture.

Sur la place des Halles, s'élevait la prison de la Visitation qui servait alors de maison de détention pour les ôtages et les prêtres sujets à la déportation. Les Chouans s'y précipitèrent avec une joie bien légitime cette fois, pour délivrer les plus sympathiques et les plus respectables de leurs amis. En un clin d'œil, toutes les portes sont défoncées, et les huit prêtres détenus mis en liberté ; mais quatre ôtages seulement, « les deux filles Guibert et les nommés Plessis père et fils, » consentent à sortir. Tous les autres persistent à rester en prison, en dépit des sollicitations de leurs libérateurs et à leur grand étonnement : la décision, il est vrai, était sage, et sera amplement justifiée par la suite des événements.

Remettant à plus tard la visite méthodique de l'établissement, les Chouans courent alors aux dernières prisons, la maison des Ursules et la maison d'arrêt de l'Évêché.

La maison des Ursules (ancien couvent des Ursulines) est la maison de détention des femmes : toutes s'envolent joyeusement après avoir si charitablement recommandé leur geôlier qu'il en est quitte pour quelques menaces, l'enlèvement de ses armes, et la République pour la perte de deux draps.

À la prison de l'Évêché, la scène est plus solennelle. Le chevalier de Tercier commande en personne, à la tête de deux cents hommes. S'étant présenté à la porte qui donne sur la rue Neuve (de l'Ancien-Évêché), il trouve le concierge Serée au guet depuis quatre heures du matin et la garde sous les armes. À la première sommation et au nom de « Chouans royaux », le sergent chef de poste veut faire feu. Serée l'en dissuade en lui faisant remarquer que les brigands sont déjà maîtres de la ville. Tercier, à pied, insiste alors en criant au concierge « Monsieur, ouvrez votre porte, il ne vous arrivera point de mal, foi de chevalier de Saint-Louis ! » La porte s'ouvre, le commandant entre, avec trois ou quatre hommes seulement, dans la chambre de *la Pistole*, et dit aux prisonniers de s'habiller et de sortir. Le geôlier ayant eu à ce moment la hardiesse de faire observer qu'il y a dans leur nombre des scélérats qui ne méritent pas leur liberté, Tercier l'invite à les désigner. Une grande clameur l'en empêche. Soixante-dix-sept prisonniers, pour la plupart déserteurs ou suspects, sont mis en liberté sur le champ. Les soldats de garde, consignés, prennent leur place dans la geôle, « leurs habits retournés. »

Il est alors sept heures et demie du matin. Les Chouans, comme on le voit, n'ont pas perdu leur temps. Avant que le succès définitif de leurs camarades à Saint-Vincent ne leur permette de dîner en paix, il leur reste environ trois heures. Ils vont continuer à bien les employer. C'est pendant ces trois heures, en effet, qu'ils procèdent aux visites les plus lucratives, celles des caisses publiques.

À tout seigneur, tout honneur. Ils commencent par le citoyen Loisillière, payeur général du département, demeurant rue de Thionville ; un peu pressés, ils se contentent de lui prendre 19,000 francs, mais ils reviendront le voir. Ils vont ensuite chez le receveur général Goupil, section de l'Egalité, dont la sentinelle a prudemment filé aux premiers coups de fusil, et qui lui-même s'est réfugié dans une maison voisine. Ils exigent de sa femme et de ses domestiques qu'ils menacent de fusiller, les clefs de la caisse de la République et y prennent 38,891 francs 87 centimes. Un chef de division, surnommé *Auguste*, qui doit être M. Lépine, préside à l'opération. Très honnêtement, il délivre à Mᵐᵉ Goupil un reçu ainsi conçu : « Moi, commandant au nom du » Roi une division à la droite de la Sarthe, reconnais avoir » pris tout ce que contenait la caisse républicaine du citoyen » Goupil, pourquoi le présent lui servira de reçu. Ce 15 » octobre 1799, signé *Auguste*, chef de division. »

Le même officier se rend de là chez le percepteur Toury qui, comme son chef, a pris la clef des champs. Il se fait conduire par Mᵐᵉ Toury dans le bureau, et n'ayant pu trouver la clef, force la caisse avec une baïonnette. Il y prend 1018 francs 12 centimes et s'empresse d'en remettre un reçu analogue au précédent (1). Pendant ce temps, dans le faubourg de la Croix-d'Or, un autre détachement démolit la barrière de la maison Torce, saccage le bureau et vide la caisse « sans autre événement fâcheux pour la femme du receveur que quelques menaces. »

Mais, messieurs les « Brigands » sont, paraît-il, fort bien renseignés. Ils ont appris au cours de leurs expéditions financières que M. Loisillière a avancé la veille 2531 francs pour l'habillement des légions de nouvelle formation, à la belle-mère du citoyen Guillaume du Bois, marchand drapier, section de l'Egalité. Ils courent vite au magasin signalé et se font remettre la somme. L'opération, du coup, ne se fait pas sans douleur. La belle-mère du citoyen du Bois se plaint de ce qu'ils lui ont fait violence, enlevé pour 400 francs de

(1) Ce reçu, signé du chef de division *Auguste*, permettra au citoyen Toury, le 2 germinal an VIII, d'obtenir de l'administration centrale de la Sarthe une décharge régulière des sommes « dont il avait été dépouillé par force majeure ». Archives de la Sarthe, L. 70.

marchandises diverses, et de ce qu'ils ont voulu l'emmener à leur général : elle ne fut sauvée, ajoute-t-elle, que par la citoyenne du Rancher (Madame Gauvain du Rancher), qui répondit d'elle au général. La colère des Chouans avait, il est vrai, ici, un motif particulier : le citoyen Guillaume du Bois avait acheté du bien d'émigré, le château de M. de Venevelles (1).

La matinée, cependant, s'avançait, et les vainqueurs commençaient à se fatiguer. Une bande, quelque peu facétieuse, prend alors la hardiesse d'aller réclamer des billets de logement au commissaire de police Ducy, qui demeure rue des Fallotiers. Le citoyen Ducy a eu le bon esprit de se sauver, laissant sa femme soigner le juge Thibault, blessé plusieurs heures auparavant. Les Chouans ne trouvent donc pas de billets de logement : assez bons enfants, ils se contentent de faire de grandes perquisitions dans la maison, de prendre le nom du blessé, et de déclamer contre Ducy qu'ils traitent de terroriste et de buveur de sang (2).

Vers onze heures enfin, la prise de la caserne de Saint-Vincent et la retraite de la 40e demi-brigade sur Ballon permettent à l'état-major royaliste de s'occuper du cantonnement. « Il fut ordonné aux habitants, nous dit Tercier, de fournir des vivres à la troupe qui fut indistinctement répartie dans les maisons de la ville sans billets de logement. Quant au comte de Bourmont, il établit son quartier général sur la place des Halles, à l'hôtel du *Dauphin* dont les propriétaires étaient tout dévoués à la cause du Roi. Tercier raconte que

---

(1) *Relation historique de la prise du Mans*, mss. de la Crochardière, tome III, Bibl. du Mans, 21.

(2) Le commissaire de police Ducy n'avait vraiment pas de chance. Il avait été accusé, quelques mois auparavant, auprès des autorités républicaines, « de tenir sous sa sauvegarde, moyennant une somme d'argent, un prêtre réfractaire ». Il est vrai que cela ne l'avait pas empêché d'insérer dans la *Chronique de la Sarthe*, des lettres « empreintes du fanatisme le plus pur ! ».

les officiers royalistes y dinèrent « au son de la musique qui jouait les airs *Vive Henri IV! O Richard, ô mon roi.* »

C'est à ce moment aussi, croyons-nous, que M. de Bourmont signa deux proclamations qui furent affichées les jours suivants. La première avait pour objet de rassurer les habitants, et de les inviter à vaquer tranquillement à leurs affaires en assurant paix et protection à tous les partis, et de leur apprendre que le même jour et à la même heure, plusieurs villes avaient dû être prises comme celle du Mans (1); la seconde annonçait l'établissement de tribunaux au nom du Roi et d'une nouvelle administration.

Malgré les bonnes intentions du général en chef, l'aprèsmidi de ce premier jour ressemble encore en beaucoup de points à la matinée : les actes d'indiscipline ou de représailles continuent à s'y mêler aux conséquences naturelles de l'occupation.

Après leur dîner, par exemple, les Chouans qui se sont donné le plaisir inoffensif d'abattre les deux arbres de la liberté plantés sur la place des Halles et la place des Jacobins, vont au bureau de la Poste aux lettres, en vérifient scrupuleusement les recettes, et s'en emparent en vertu de leur droit de conquête contre ce reçu régulier : « Reçu de » M. Lenfray, directeur de la poste aux lettres, la somme de » 240 francs appartenant à la République. Au Mans, le 30 » octobre 1799 (*sic*), signé : *Beaufort*, capitaine » ; un autre officier surnommé *Charles*, se disant marquis de Menars, y enlève d'autre part, 164 francs 92 centimes de chargements particuliers. Par droit de conquête également, les magasins à poudre et salpêtre de Saint-Michel et de la rue de Sarthe sont vidés avec soin des 743 livres de poudre de chasse qu'ils contiennent.

(1) L'occupation de plusieurs chefs-lieux de département formant le premier article du programme général de l'insurrection, Nantes et Vannes avaient eu, en effet, le même sort que le Mans.

Beaucoup moins légitimes sont les visites faites, entre temps, aux demeures des fonctionnaires, des officiers et des principaux représentants du parti républicain.

Chez le receveur général, dont la caisse a déjà été allégée, un chef inconnu revient forcer Mme Goupil, « le pistolet à la main », de remettre les armes de son mari, ses vêtements, son linge et une somme de 942 francs en écus qui lui appartient personnellement ; un autre Chouan, le chef de division *Auguste*, réquisitionne ses deux chevaux avec leurs harnachements, et les fait conduire à l'hôtel du *Dauphin*, après en avoir, il est vrai, délivré reçu.

Chez le malheureux général Simon, toujours disparu, les portes sont enfoncées, les chevaux pris, les vêtements, le linge et l'argent volés. Les pertes du général s'élèvent à 21,660 francs, dont 12,000 francs provenant d'une succession et du fruit de ses économies ; celles de l'aide camp à 1,000 francs ; celles du secrétaire à 600 francs ; les domestiques eux-mêmes y sont pour 600 francs.

Chez M. Le Prince-Claircigny, on enlève « une superbe cavale, un fusil, un chapeau neuf et 240 francs ». Comme il s'est retiré à la Bazoge, on lui adresse par la poste deux sommations, la première réclamant une somme de 25,000 fr. la deuxième une somme de 30,000 francs en remboursement de ses acquisitions nationales.

Le logement du commissaire du Directoire Jouennault est enfoncé et pillé : son propriétaire, le citoyen Garnier, perd par ricochet 1,510 fr. en armes, bijoux, vêtements, plus un cheval de 500 fr. (1).

Le magasin du citoyen Aimé Bourgeois, carrefour des Quatre-Vents, est saccagé et sa femme menacée de mort.

L'évêque constitutionnel, Prud'homme de la Boussinière s'en tire à meilleur compte. Les Chouans le renvoient au jugement dernier: « Ne tremble pas, monsieur l'abbé, lui

---

(1) D'après une des relations citées précédemment, le commissaire Jouennault logeait à l'auberge du *Croissant*.

dit l'un d'eux ; nous n'avons pas l'intention de vous faire de mal. Ce n'est pas à nous à vous juger ; il n'appartient qu'à Dieu seul de le faire », et il se retire sur ce sermon court et bien senti (1).

De tous incontestablement, le plus maltraité est le chirurgien Levasseur, l'ex-conventionnel régicide. Depuis le commencement de la Révolution, il a acquis tant de droits à la fureur des royalistes que les vainqueurs, en se précipitant chez lui vers trois heures, méditent les projets les plus sinistres. Par bonheur pour lui, Levasseur a disparu. Son logis est vide. En quelques secondes « tout ce qu'il possède » est détruit avec une rage atroce ». Les cotillons de sa servante ne sont même pas respectés. Coût : 3,000 francs.

Le citoyen Levasseur, comme bien d'autres qui avaient leur conscience politique trop chargée, s'était caché dès la première heure. Son odyssée n'est pas banale.

Vers 4 heures 1/2 du matin, à la première alerte, il était sorti précipitamment avec son fusil, suivi de sa domestique Anne Cosnard, qui devait devenir sa femme le 10 brumaire suivant (2). Après bien des dangers et avoir essuyé une grêle de balles, les deux fugitifs s'étaient blottis et barricadés dans le poste de la place des Halles déjà évacué. De là, en défonçant une porte de derrière, ils avaient trouvé moyen de pénétrer dans les bâtiments de la Visitation, au milieu des otages royalistes, qui les avaient cachés dans une cave, avec une générosité toute chrétienne. Bien mieux, le soir venu, ils feront souper avec eux le farouche révolutionnaire, et M. Menjot d'Elbenne lui offrira vingt-cinq louis et la moitié de sa chambre. Levasseur, il est juste de le dire, saura reconnaître cette conduite vraiment chevaleresque qui

(1) *Relation historique etc.*, mss. de la Crochardière. Le même auteur cite deux ou trois autres maisons notables où les Chouans se seraient présentés, mais il ajoute qu'on ignore « ce qu'ils y ont fait ». Toutefois, d'après lui, l'accusateur public Juteau eut été aussi mis à contribution.

(2) *État-civil de la commune du Mans du 10 brumaire an VIII :* Mariage de René Levasseur et d'Anne Cosnard. *Affiches du Mans*, du 15 brumaire.

fit grand honneur à M. Menjot d'Elbenne et à ses compagnons de captivité (1).

Plusieurs autres habitants royalistes avaient d'ailleurs donné asile, eux aussi, à des fonctionnaires républicains ou à des patriotes exaltés : les officiers des Chouans, qui le savaient, feignirent de l'ignorer (2). L'histoire ne saurait trop louer, après un siècle, une générosité si française ; la ville du Mans sera heureuse d'en garder le souvenir.

Ajoutons que la note comique ne fit pas davantage défaut. La génération contemporaine rit longtemps de la mésaventure d'un magistrat d'alors, qui, parti en guerre le matin avec son collègue Thibault, et comme lui « avide de gloire », n'avait rien trouvé de mieux, aux premiers coups de feu, que de grimper par une échelle dans un grenier situé au-dessus d'un hangar près de la Maison commune. Les Chouans, ayant occupé le hangar, avaient brûlé l'échelle et coupé la retraite au fuyard qu'ils assiégeaient ainsi sans le savoir. Terrifié par leurs propos anti-républicains, le pauvre magistrat fit le mort pendant de longues heures, puis la peur et la fatigue aidant, il fut subitement pris d'un ...... malaise fort peu héroïque. Le lendemain on le découvrira dans son grenier ...... aux traces et à l'odeur (3).

(1) *Mémoires de Levasseur*, Bruxelles, 1830, tome V, p. 61. — Nous suivons ici, pour certains détails, la déposition de Levasseur lui-même devant le juge de paix, de préférence au récit des *Mémoires*, plus dramatisé et écrit longtemps après l'événement. Cette déposition établit expressément qu'à la date du 23 vendémiaire an VIII, Anne Cosnard n'était encore que la « domestique » de Levasseur, « fille salariée ».

(2) *Mémoires de Tercier*, p. 337.

(3) L'aventure a inspiré une longue facétie en vers, insérée à la suite de la *Relation historique* dans les mss. de la Crochardière, sous ce titre : *Le 23 vendémiaire an VIII*.

« Il peste, il jure, mais en vain
» Grince des dents, fougue stérile,
» La rage, l'indignation
» Occasionnent dans son physique
» Une forte commotion
» Dite vulgairement colique. »

Mais la journée s'avance, et M. de Bourmont, en général prudent, ne veut pas se laisser surprendre dans la ville, comme l'armée vendéenne en 1793. A quatre heures du soir, il arrête ses dispositions pour emmener ses Chouans coucher dans les villages des environs. De nombreuses charrettes sont réquisitionnées sous la direction du commissaire intendant ; on y charge les armes, l'argent, le butin et les blessés. Une colonne prend la route de Pontlieue, une autre celle de Laval ; le gros de l'armée, avec le général, celle de La Suze et s'établit au Grand-Saint-Georges. « Toutes les opérations se font avec le plus grand calme ». Cependant, au moment du départ, les Chouans achèvent de détruire les barrières des faubourgs, entre autres celle de la Madeleine, et dans la soirée, vers sept heures et demie, quatre d'entre eux s'emparent de deux chevaux à la ferme de Sablé, près du Gué-de-Maulny, dont ils ont déjà désarmé le propriétaire. De leur côté, les patriotes sortent de leurs refuges et se croyant définitivement délivrés s'abandonnent à des récriminations faciles à comprendre.

Une grave question nous reste à examiner pour compléter ce récit de la première journée d'occupation, de beaucoup la plus tragique. Quelle fut conduite des Chouans envers les blessés et les prisonniers républicains ?

L'historien Renouard a prétendu dans une note, d'après un témoin *qu'il ne nomme pas*, que les blessés de la 40e demi-brigade, à la caserne Saint-Vincent, furent impitoyablement massacrés dans leurs lits (1). Or, cette accusation, reproduite par Pesche (2), n'a pas laissé la moindre trace dans les nombreux documents officiels que nous avons pu réunir. Aucun d'eux n'y fait allusion, pas même les articles de journaux. Bien au contraire, elle est contredite par plusieurs des procès-verbaux des deux juges de paix.

(1) *Essais historiques sur la ci-devant province du Maine.* Le Mans, 1811, t. II, p. 310.
(2) *Dictionnaire statistique de la Sarthe,* I, p. cccxcv.

Joseph Renard, par exemple, tailleur à la 40°, avait été blessé dans la rue Saint-Vincent et rapporté mourant à la caserne par ses camarades. Les Chouans l'y trouvèrent. Ils l'y laissèrent assurément en vie, car, vers quatre heures comme nous l'avons raconté, le citoyen Beauvais, aidé de quelques habitants charitables, va l'y chercher pour le transférer dans une maison particulière où il n'expirera que le lendemain.

Le capitaine Laperrière ayant été brutalement menacé au premier instant et dépouillé de sa montre, la femme qui le soigne court au quartier général. Elle en rapporte, à défaut de la montre, la promesse formelle qu'on ne viendra plus troubler le repos du blessé.

De même, le juge Thibault, suivi chez le commissaire Ducy à la trace de son sang, en est quitte, nous l'avons vu, pour un interrogatoire sommaire. Il est vrai, que *pendant le combat*, la citoyenne Ducy avait été menacée aussi par quelques brigands d'être fusillée avec son blessé, mais de telles menaces, dans un pareil moment, ne comptent guère lorsqu'elles ne sont pas suivies d'exécution.

Quand même on voudrait admettre, *sans preuves*, que, dans la fureur de l'action, des combattants déjà blessés ont pu être achevés, ce ne serait jamais qu'un fait bien exceptionnel puisque aucune des dépositions des témoins ni aucun des rapports officiels n'en fait mention. L'affirmation de Renouard et de Pesche ne peut, de toutes manières, être prise à la lettre.

Nous verrons bientôt la conduite très correcte de l'état-major royaliste vis-à-vis du général Simon. Elle ne le fut pas moins vis-à-vis des soldats prisonniers. Les Chouans se contentèrent de les désarmer et de leur faire retourner leurs habits. S'ils traînèrent avec eux, pendant quelques jours, le chef de bataillon Boucher, « sans considération dira-t-on, pour ses vieux services et ses infirmités », ce fut uniquement dans la pensée de l'échanger avec un de leurs propres officiers. Bien mieux, ils rendirent la liberté à beaucoup de soldats sous la seule condition de ne plus les combattre.

« Vers quatre heures du soir, dit textuellement le concierge de la prison de l'Évêché, François Serée, trois chefs à cheval revinrent demander, de la part de leur général, s'il n'avait point encore de prisonniers. Serée répondit qu'il n'avait plus que la garde et les déserteurs. Un des chefs fit alors descendre ces derniers dans la cour et leur demanda quelles étaient leurs intentions? Tous déclarèrent qu'ils voulaient s'en retourner chez eux, et ne se battre ni pour les Chouans ni contre eux. S'adressant ensuite à la garde, l'officier dit aux soldats : « Mes amis, nous savons que vous êtes des militaires ; il faut que vous juriez de ne point marcher contre nous ». Comme les déserteurs, les soldats déclarèrent « qu'ils ne voulaient autre chose que retourner dans leurs foyers » et jurèrent avec empressement de ne plus porter les armes contre les royalistes. « Cela fait, les chefs Chouans emmenèrent les uns et les autres s'expliquer au quartier général ».

Des gendarmes, enfin, en dépit des rancunes qu'ils avaient excitées, furent préservés par les officiers, témoin l'anecdote suivante que rapporte Tercier à la louange d'une jeune fille royaliste de la ville :

« Avant le dîner, la fille de l'hôtel du *Dauphin* (Marie
» Pocheton) vint me prier de lui rendre un service en me
» priant de lui promettre de ne point le refuser.

» Mademoiselle, lui dis-je, nous avons tant d'obligation
» pour les services que vous n'avez cessé, vous et votre
» famille, de rendre aux Royalistes que je n'hésite point à
» vous accorder ce que vous allez me demander, persuadé
» que vous ne réclamerez rien que de raisonnable. »

« Alors, elle me dit qu'il y avait quatre gendarmes cachés
» dans l'auberge, et pour lesquels elle implorait mon inter-
» cession. Je lui dis de me conduire dans la chambre où ils
» étaient. Elle m'y mena. Arrivé près d'eux, ils se jetèrent

» à mes pieds et me demandèrent grâce : je les fis relever.

» Je l'ai promis à Mademoiselle, leur dis-je : puis je les
» haranguai, leur reprochant la conduite barbare qu'ils
» avaient tenue avec nous depuis le commencement des
» hostilités : ils s'excusèrent, en rejetant sur leurs chefs les
» vexations dont je me plaignais. Je les rassurai néanmoins.

» Gardez-vous bien, leur dis-je, de vous montrer, car ni
» moi, ni le général en chef ne pourrions vous garantir de
» la fureur de nos soldats, trop justement irrités contre vous ».

« Me retournant ensuite vers la fille de la maison, je lui
» dis de prendre la clef de la chambre et de ne l'ouvrir que
» lorsque nous aurions évacué la ville. Ces gendarmes me
» firent mille remerciements en pleurant : il est certain que
» si nos soldats eussent eu connaissance de leur retraite, ils
» les en auraient arrachés et fusillés sur le champ (1). »

La générosité était d'autant plus méritoire ici, que la haine était trop bien justifiée, comme la suite des événements le prouvera. Les gendarmes, sauvés par mademoiselle Pocheton, devinrent les dénonciateurs de toute sa famille (2).

Au reste, les habitants du Mans, sans distinction d'opinions, soignèrent les blessés, relevèrent les morts et les ensevelirent. Si beaucoup paraissent avoir été paralysés par la peur, d'autres firent preuve, dans cette journée du 23 vendémiaire, d'un réel courage et d'un véritable dévouement. La municipalité s'en félicitera plus tard à bon droit, en constatant dans son rapport officiel, « que les haines particu-
» lières avaient disparu, que la population, divisée la veille,
» s'était trouvée réunie dans un moment pour sauver ses
» concitoyens (3). »

(1) *Mémoires de Tercier*, p. 333.
(2) A la suite de dénonciations qui accuseront Mesdames Pocheton d'être en correspondance avec les ennemis du gouvernement, des perquisitions seront faites à l'hôtel du *Dauphin* et Melle Pocheton sera incarcérée à la prison des Ursulines. Arch. de la Sarthe.
(3) *Procès-verbal de l'invasion des Chouans au Mans*, Archives municipales 1423.

Deuxième journée : 24 vendémiaire

Le comte de Bourmont, toutefois, n'entendait pas lâcher si vite sa conquête. Le lendemain, avant dix heures du matin, une première colonne de quinze cents Chouans, fraîche et reposée, rentrait inopinément au Mans, à la vive déception des patriotes. Le général en chef, fatigué, ne l'accompagnait pas ; il était demeuré à son cantonnement de Saint-Georges, d'où il pouvait parer plus facilement à tout événement. Le chevalier de Tercier avait le commandement des troupes que des détachements successifs vinrent peu à peu renforcer.

Repris de peur, les républicains les plus en évidence s'empressent aussitôt de retourner « à leurs abris ». La plupart, cette fois, comme le juge de paix Allaire, quittent la ville pour fuir jusqu'à Ballon, Bonnétable et La Ferté-Bernard. Plusieurs se travestissent, l'un en meunier, l'autre en charbonnier, le commissaire Jouennault en garçon d'écurie : coiffé d'un bonnet et d'un chapeau par dessus, il enfourche un cheval, en prend un second à la main, et sous prétexte de les conduire « à l'eau ou à la campagne », il gagne la route de Paris, puis La Ferté-Bernard ».

> « Tel semble, en valet d'écurie,
> » A l'eau conduire un cheval pie :
> » Ceux-ci, moins lestes, moins piétons,
> » Vont se renfermer à tâtons
> » Dans leurs greniers ou dans leurs caves,
> » Quelques-uns, tremblants et moins braves
> » Vont chercher l'hospitalité
> » Repos, asile, sûreté,
> » Chez des gens d'une certaine secte
> » Qu'avant ils tenaient pour suspects (1) ».

(1) *Le 23 vendémiaire an VIII,* mss. de la Crochardière.

Bien leur en prend, car MM. les Chouans, tout calmés qu'ils sont par une excellente nuit, ne tardent pas à retourner chez leurs amis de la veille.

Ils commencent encore par le payeur général Loisillière qu'ils envoient chercher, et qui revient en toute hâte, « craignant le pillage ». Le même chef qui lui a déjà présenté sa carte, vérifie ses livres et l'invite à le suivre à l'hôtel du *Dauphin* pour attendre le général en chef qui doit y arriver dans l'après midi. Scène analogue à la recette générale ; M. Goupil « sort de sa retraite et se livre à discrétion pour sauver sa vie, celle de sa femme et de ses enfants » : on lui demande le compte de sa caisse, on le convoque à l'hôtel du *Dauphin*, et en attendant on lui fait les honneurs d'une sentinelle qui le garde à vue. Plus tard, ce sera le tour du citoyen Fortis, receveur des domaines nationaux ou mieux des biens des émigrés. Un officier lui réclamera ses registres et pièces de comptabilité pour les soumettre à son général M. *Adolphe* (le chevalier de Tercier). Une demi-heure après, il rapportera le tout en disant « *que l'opération est juste,* » qu'on peut en conséquence lui remettre les registres et les 1500 francs qui restent en caisse. Il en délivre le reçu suivant : « Nous, commandant de l'armée royale, reconnaissons » d'après les ordres donnés par M. *Adolphe*, que le receveur » Fortis a rendu compte de sa recette montant à quinze » cents francs que nous lui avons ôtés, ainsi que tous ses » registres, décrets et liasses concernant les émigrés. Fait » au quartier général du Mans, le 15 octobre 1799 etc. » Les registres sont immédiatement jetés par la fenêtre et brûlés dans la rue de la Paille.

M. de Bourmont avait donné l'ordre, en effet, de saisir et détruire « tous les papiers qui contenaient des ordres contre les royalistes. « Or, si la mesure était exécutée ici avec intelligence et régularité, elle devait, au département et à la municipalité, entraîner la destruction profondément regrettable des archives historiques. A la municipalité notamment,

une bande, commandée par un chef ignorant et trop zélé, achève, dans cette journée du 24 vendémiaire, de piller les archives municipales. Non contents « de jeter par les fenêtres » quatre cents registres anciens de la plus grande utilité pour l'histoire », les Chouans « sortent des bureaux à la file,
» chargés de livres et papiers. Ils vont les entasser avec les
» registres au milieu de la cour et y mettent le feu. En
» moins d'une demi-heure, malgré le temps affreux qu'il
» faisait, tout est consumé. »

L'état-major royaliste, prévenu trop tard de cet acte de vandalisme, ne peut sauver que les registres de l'état-civil : plusieurs même sont déjà détruits. Comme le fera justement remarquer un contemporain, « les Chouans avaient été
» égarés dans cette circonstance par une ardeur indiscrète
» et une ignorance complète du mal qu'ils faisaient (1). »
Au commencement de la Révolution, d'ailleurs, les partisans du nouveau régime n'avaient-ils pas donné, les premiers, le signal de la destruction des archives, en faisant croire aux paysans qu'il fallait tout d'abord brûler les chartriers pour anéantir l'ordre de choses dont ils ne voulaient plus ?

Presqu'au même moment, une bonne aubaine imprévue attendait les vainqueurs à la caserne de Saint-Vincent : un déserteur leur livrait un magasin militaire considérable qu'ils n'avaient pas découvert la veille. Une partie de la journée et de celle du lendemain fut consacrée à le dévaliser en conscience. Après s'être largement équipés et avoir rempli des effets du gouvernement toutes les voitures qu'ils purent trouver, les Chouans abandonnèrent les débris à la populace des faubourgs : ses convictions révolutionnaires ne l'empêchèrent pas, paraît-il, de participer à l'affaire avec une scandaleuse rapacité (2).

(1) *Rapport de Chesneau-Desportes*, cité dans la préface de l'*Inventaire-Sommaire des Archives de la Sarthe*, série L. Le Mans, Monnoyer, 1808, in-4°.

(2) *Relation historique*, mss. de la Crochardière. Bibl. du Mans, 21.

D'autre part, la colonne mobile est désarmée et tous ses hommes obligés, sous peine de mort, d'apporter leurs fusils au corps de garde de la place des Halles. Beaucoup étant en fuite, leurs pères, mères, maîtres et maîtresses, sont rendus responsables, mesure qui rend l'opération aussi efficace que possible.

Bien équipés et bien armés, les Chouans semblent alors éprouver le besoin de se montrer au public, et ils tiennent à honneur de lui donner une petite fête à leur façon.

La fête s'ouvre sur la place des Halles. En vertu d'un ordre qui ne souffre point de réplique, les musiciens de la garde nationale ont été invités à se rassembler, en grande tenue, à deux heures et demie devant l'hôtel du *Dauphin*. Plusieurs ont essayé de se dérober ; leurs maisons ont été dénoncées et la garde est allée les cueillir. Leur présence est indispensable « pour profaner les airs chéris de la liberté et de la victoire » (1).

En les attendant, on amène sur l'emplacement de l'arbre de la Liberté, la guillotine qu'un détachement a eu la bonne fortune de découvrir en achevant de dévaster la Visitation et le tribunal civil ; on y joint l'arbre de la Liberté précédemment abattu, et le drapeau de la 40ᵉ demi-brigade que la peur des propriétaires de M. Auvray a enfin livré. Ce sont trois trophées insignes, de valeur bien différente sans doute, mais qui symbolisent nettement la double victoire politique et militaire de l'armée royale. On les brûle en grande pompe.

Puis, sur un signe de leur commandant, les Chouans s'ébranlent avec beaucoup d'ordre, et, précédés de la musique de la garde nationale, prisonnière de guerre par le fait, ils se rendent par les principales rues sur la place des Jacobins. Là, en l'absence du général en chef toujours à Saint-Georges, le chevalier de Tercier et les autres généraux royalistes passent une revue solennelle. Malheureusement la

(1) *Procès-verbal de l'invasion des Chouans.* Arch. municipales, 1423.

pluie tombe et nuit à l'éclat du triomphe. « L'armée des Mécontents, nous dit un témoin, n'avait point de costume particulier : les chefs dont quelques-uns étaient décorés de la croix de Saint-Louis avaient seuls une espèce de costume qui consistait en une petite veste à la hussarde, bordée en poil avec une gance ou petit galon d'argent sur toutes les coutures, en une ceinture de soie généralement blanche et un panache blanc au chapeau. Les soldats étaient presque tous armés de fusils de calibre, quelques-uns de fusils à deux coups et de pistolets passés dans la ceinture. La cavalerie, bien montée, comprenait deux à trois cents hommes au plus. Les chefs aussi étaient parfaitement montés » (1).

L'état-major royaliste semble s'être accru, dans cette journée du 24, d'un personnage qu'on ne s'attendait guère à y voir, de l'agent de confiance du ministre de la police en personne ! De retour de sa promenade à Saint-Calais, La Garancière était arrivé au bas du Bourg-d'Anguy, avec le citoyen Froger, ancien conventionnel devenu agent des contributions, au moment où les Chouans venaient de rentrer au Mans. A cette nouvelle, Froger s'était empressé de retourner à Saint-Calais, tandis que La Garancière, à sa grande surprise, pénétrait hardiment en ville et descendait à l'hôtel de la *Boule-d'Or* ! (2). On dira plus tard qu'après s'être mêlé aux Chouans il s'en fût souper avec le comte de Bourmont et quarante de ses officiers !

Ce jour-là aussi, 24 vendémiaire, on retrouve la trace de l'infortuné général Simon et les chefs royalistes apprennent qu'il a été recueilli, la veille au soir, à la manufacture du citoyen Desportes. Son état est lamentable : « Il a eu le bras

---

(1) *Relation historique*, etc. mss. de la Crochardière. — Ces détails nous ont été maintes fois confirmés de vive voix par notre aïeule, madame Trotté de la Roche, née Rigault de Beauvais, qui, âgée de six ans en 1799 et habitant alors l'hôtel du Grabatoire, avait passé de longues heures à admirer, à travers les fentes d'un contrevent, les superbes panaches blancs des chefs de Chouans.

(2) *Relation historique* etc., mss. de la Crochardière.

» droit si horriblement fracassé qu'on vient de l'amputer ;
» la main gauche est également fracassée de telle manière
» qu'il est douteux qu'il puisse jamais s'en servir ; le ventre
» est atteint de trois coups de feu qui forment des plaies
» considérables, enfin un autre coup de feu a atteint l'épaule
» gauche ; seule cette dernière blessure ne paraît pas dangereuse » (1) Il supporte ses souffrances et les cruelles opérations qu'entrainent ses blessures avec un courage stoïque. Tercier revendique l'honneur d'avoir aussitôt envoyé un sauve-garde à sa porte et d'avoir chaleureusement recommandé le général aux soins de M. Desportes de la Fosse, en déclarant qu'il ne connaissait plus d'ennemis après la victoire » (2). Le comte de Bourmont écrivit aussi certainement au général pour l'assurer « que son asyle serait respecté, » lui exprimer ses vœux, et plus tard il rendra hommage « à sa valeur audacieuse » (3). Peu importe à qui, de Bourmont ou de Tercier, revient le mérite de la première démarche : le général en chef des Chouans et son lieutenant peuvent le partager sans jalousie.

(1) Arch. de la Sarthe, L. 273, — Déposition de l'aide de camp du général.
(2) *Mémoires de Tercier*, p. 335.
(3) Dans une lettre postérieure, du 25 germinal an VIII, au général Simon, citée en note *Ibidem*, p. 335, le comte de Bourmont écrira : « Le » sort des armes vous remit en mes mains, le droit de représailles me » parut trop cruel, je vous plaignis, je vous sauvai la vie, et, pour vous » épargner des inquiétudes dangereuses dans l'état ou vous étiés, je vous » donnai par écrit l'assurance que votre asyle serait respecté des miens ». D'autre part, la *Notice pour servir à la biographie de M. le maréchal comte de Bourmont* donne le texte du billet suivant qui aurait été adressé par le général en chef de l'armée royale du Maine, le lendemain même de l'évènement, au général Simon : « Vous pouvez, général, vous faire » soigner en toute sécurité. Le roi veut toujours se montrer le père de » ses sujets. Il a formellement défendu les représailles et ordonné de » traiter les Français avec indulgence et bonté. Les royalistes armés pour » sa cause connaissent ses intentions ; ils s'y conformeront, j'en suis sûr. » J'espère, général, que les vœux que je forme pour votre prompt rétablis- » sement seront exaucés ».

La revue terminée, l'armée royale, comme le premier jour, évacue la ville à la tombée de la nuit et va coucher aux champs. Elle emmène avec elle, au quartier général de Saint-Georges, les citoyens Loisillière et Goupil que M. de Bourmont tient particulièrement à entretenir. Le premier ne paraît point avoir eu à se plaindre de sa réception et même avoir été traité en ami : « Le général, dira-t-il dans sa déposition, lui fit des demandes personnelles sur lesquelles il juge à propos de garder le silence comme n'intéressant que lui. » Le second, auquel on avait donné un cheval « parcequ'il relevait d'une grave maladie, et qu'on avait fait escorter de quatre cavaliers, le fusil bandé, » éprouve une surprise plus désagréable. Le général en chef a encore besoin d'argent et l'a décidément choisi pour banquier. Après plusieurs explications, M. le Receveur général est obligé de contribuer d'une nouvelle somme de 2,400 fr. à payer le lendemain matin « sous peine d'être pillé et fusillé. » En échange de son engagement, on lui remet obligeamment un passeport pour rentrer à son domicile sans avanies : « De par le Roi, laissez passer M. Goupil se ren-
» dant au Mans où il veut être arrivé le 17 octobre. Donné
» au quartier général de Saint-Georges le 16 octobre 1799,
signé : le comte de Bourmont. »

Troisième journée : 25 vendémiaire.

Comparativement aux deux premières, cette dernière journée d'occupation est peu intéressante et peu remplie : elle n'a d'autre objet que la liquidation, pour ainsi dire, des affaires en cours.

Vers onze heures du matin, une simple compagnie de soixante à quatre-vingts hommes vient s'établir sur la place des Halles. Un officier s'en détache pour aller toucher les 2,400 francs de M. Goupil et lui en délivrer quittance. Un autre surveille la fin du déménagement du magasin militaire de Saint-Vincent.

A la chute du jour, le détachement quitte de nouveau la ville ; les Chouans, cette fois, n'y reviendront plus, car leurs vedettes signalent l'arrivée très prochaine de nombreuses troupes républicaines.

Ajoutons, qu'à la dernière heure, ils se distinguent par une plaisanterie qui témoigne à la fois d'un goût très vif pour la musique et d'une joyeuse humeur. Ils emmènent à leur tête la musique de la garde nationale : elle les a si bien charmés par ses airs royalistes qu'ils ne peuvent se décider à s'en séparer. De quart de lieue en quart de lieue, ils emmènent les malheureux musiciens, peu rassurés et soufflant à pleins poumons, jusqu'au quartier général du comte de Bourmont qui s'est porté de Saint-Georges au château de Bellefille, commune de Chemiré-le-Gaudin, à quatre lieues du Mans ! Là, ils invitent leurs prisonniers à donner plusieurs sérénades au général en chef, tout surpris, dit-on, de cette délicate attention ; après quoi ils leur désignent une maison pour passer la nuit. Les plus hardis de ces artistes malgré eux s'évadent à onze heures du soir à travers champs et buissons, en abandonnant leurs instruments. Les autres rentrent au Mans le lendemain avec la permission du comte de Bourmont, et « à la grande joie de leurs parents et amis qui étaient fort inquiets » (1).

Les temps avaient bien changé en France depuis six ans. En 1793, l'occupation du Mans s'était terminée par d'épou-

---

(1) *Relation historique*, mss. de la Crochardière. — *Procès-verbal de l'invasion des Chouans*, dressé par la municipalité, cité tout récemment par M. G. Durand dans sa *Notice historique sur la musique municipale du Mans*. Le Mans, 1899. Crétineau-Joly, dans son *Histoire de la Vendée militaire*, Plon, 1865, III, p. 36, prétend, qu'au dire « du colonel Bouttier, » témoin oculaire, la musique de la garde nationale du Mans eut donné » une sérénade à M. de Bourmont en remerciement de la bonne conduite » des Royalistes ». Inutile d'ajouter que cette version nous semble tout-à- » fait fantaisiste.

vantables massacres : en 1799, elle se terminait par une sérénade.

Tous les esprits indépendants qui voudront maintenant dégager des faits précédents la morale de l'histoire, ou mieux la véritable conduite des Chouans pendant les trois jours d'occupation du Mans, devront reconnaître, d'une part, que les soldats du comte de Bourmont se sont battus comme les soldats de toutes les armées, sans plus de férocité ; qu'ils ont saisi régulièrement, d'après les lois de la guerre et les règlements militaires, les caisses publiques, les armes, les munitions, les objets d'équipement ; réquisitionné des chevaux, délivré des prisonniers politiques et repris fort légitimement tous les objets consacrés à leur culte. On devra, par contre, leur reprocher d'avoir saccagé sans discernement les bureaux du Département et de la Municipalité, et détruit par une déplorable ignorance les archives historiques. On devra surtout leur reprocher d'avoir assimilé aux établissements publics et pillé systématiquement plusieurs demeures d'officiers, de fonctionnaires et d'acquéreurs de biens nationaux.

Quoi qu'il en soit, le nombre des maisons particulières et des logements ainsi pillés par rancunes politiques ne dépassa pas *vingt* dans une ville de 19,000 habitants (1) ! Les biens et propriétés des autres citoyens furent, au dire de tous, absolument respectés. Le chiffre officiel des pertes pour la commune du Mans (municipalité et particuliers) s'éleva à 58,139 francs, dont 30,000 francs seulement pour les particuliers (2).

(1) Dans ce nombre nous comprenons même les logements des concierges des établissements publics et des prisons. Bien mieux, les seules maisons particulières, complètement pillées, furent celles des citoyens Anfray et Levasseur, du général Simon, du commissaire du Directoire Jouennault, et les magasins des citoyens du Bois et Bourgeois.

(2) *État des pertes adressé le 3 thermidor an VIII par le maire du Mans au chef de brigade Auvray, préfet du département de la Sarthe.*

Il n'est donc nullement permis de dire, sans restriction que les Chouans « pillèrent et dévastèrent la ville du Mans pendant trois jours »; encore moins de comparer, comme on l'a fait, la conduite des Chouans en cette circonstance à celle de Gengiskhan !

La note exacte est donnée par cette phrase du républicain Renouard : « Les Chouans, au nombre de trois mille, ne
» firent pas dans une ville de dix-neuf mille habitants dont
» ils étaient les maîtres tout le mal qu'ils auraient pu faire
» et auquel on s'attendait » (1). Elle est donnée aussi par cette autre phrase du procès-verbal officiel de la municipalité : « Les chefs des Chouans ont voulu faire observer
» pendant leur séjour en cette commune une espèce de
» discipline, ils ont accueilli avec une certaine douceur les
» réclamations qui leur ont été adressées » (2).

En ne tenant pas même compte d'affirmations beaucoup plus nettes (3), cette discipline, avouée dès le lendemain de leur délivrance par les autorités républicaines elles-mêmes, suffit pour témoigner devant l'histoire que l'armée des « Mécontents » n'était ni une bande de brigands, ni une

---

Archives de la Sarthe, I., 273. Ce n'est qu'en ajoutant à ces pertes celles de l'État (Caisses publiques, magasins militaires, casernes, administrations centrales) beaucoup plus importantes assurément, qu'on peut comprendre le chiffre de 952,970 fr. 50 c., donné par Renouard, *Essais historiques sur le Maine*, p. 314.

(1) Renouard, *Essais hist. sur le Maine*, p. 312.
(2) *Procès-verbal de l'invasion des Chouans* Arch. mun. 1423.
(3) Telles, par exemple, que celles de la *Relation historique* des mss. de la Crochardière : « Les chefs tenaient dans l'armée une discipline
» très sévère, car ils firent fusiller trois soldats qui avaient commis
» quelques excès, voies de fait et vols dans différentes maisons », ou des
» *Mémoires de Tercier*. M. de Bourmont avait publié, d'ailleurs, sur la police de son armée et les devoirs de ses officiers, un règlement spécial. *Règlement de l'armée royale de l'Ouest*, dont la copie existe dans ses papiers, Crétineau-Joly, dans son *Histoire de la Vendée militaire*, III, p. 32, a justement écrit « que le sac du Mans en 1799 est une des impos-
« tures les plus audacieusement révolutionnaires ».

bande de barbares. Par comparaison avec les horreurs commises au Mans en 1793, on ne peut lui reprocher que des peccadilles.

IV

LES SUITES ET LES CONSÉQUENCES

Effet produit par la prise du Mans dans le département et dans la capitale. — Rentrée des troupes républicaines au Mans. Surexcitation des esprits, fausses accusations, menaces de pillage. — La ville en état de siège. Le chef de brigade Auvray, commandant de place : son rôle pacificateur et sa proclamation. — Mesures de défense : fortifications. — Justification du général Simon. — Double jeu de l'agent La Garancière, fin de ses aventures. — Critique des opérations au point de vue militaire. — Responsabilité du gouvernement. — Le 18 brumaire.

La nouvelle de la prise du Mans par les « Brigands royaux », avait produit, comme on le pense, une grande émotion dans tout le département.

A Ballon, où elle avait été apportée par les premiers fuyards, puis confirmée par l'arrivée des débris de la 40ᵉ demi-brigade, les autorités du canton, après avoir donné les soins les plus urgents aux blessés, avaient envoyé des courriers dans toutes les campagnes pour y requérir des vivres et mis toutes les gardes nationales à la disposition du chef de brigade Auvray ; elles s'étaient déclarées en permanence et concertées avec les municipalités voisines en vue d'organiser la résistance, plaçant des vedettes sur tous les points, dirigeant des patrouilles jusqu'aux portes du Mans. Cette activité et cette énergie, ainsi que l'empressement des habitants à secourir les blessés, leur mériteront plus tard » les félicitations et l'estime des amis de la liberté » (1).

(1) Arch. de la Sarthe, L. 207. — Par contre, la commune de Saint-Mars-sous-Ballon « fourmillait à ce point de mauvais sujets que plusieurs » n'avaient pu s'empêcher de témoigner leur joie et leur contentement de » l'invasion du Mans, disant hautement qu'enfin nous allions avoir un roi ». *Rapport du Commissaire du canton de Ballon. Ibidem.*

A Bonnétable, l'administration avait adressé une proclamation à ses concitoyens pour les engager à rester calmes au milieu de ce terrible orage : elle s'était déclarée, elle aussi, en permanence, avait établi des postes sur les routes et mobilisé toutes ses gardes nationales. « Les républicains du Mans venus en foule se réfugier dans la ville y avaient été reçus comme des frères malheureux et les habitants leur avaient prodigué tous les secours en leur pouvoir » (1).

A La Flèche, la panique avait été particulièrement vive et la consternation générale. On avait entassé pêle-mêle les archives dans des tonneaux et on les avait chargées sur des voitures pour les faire partir à la première alerte. Faute de nouvelles officielles, les bruits les plus alarmants avaient couru. On disait non-seulement que le général Simon et le Commissaire central avaient été tués, mais que « les autres administrateurs du département avaient été attachés chacun à un poteau aux quatre coins de la Halle ; « que les Brigands avaient enlevé trente ou quarante otages etc. » (2). Des bruits analogues s'étaient répandus dans beaucoup de communes où l'on croyait les autorités du Mans « tombées sous les poignards assassins des brigands » (3) ; de tous côtés les colonnes mobiles prenaient les armes.

A La Ferté-Bernard, les administrateurs, renseignés dès le 23 comme ceux de Ballon par les fugitifs, avaient aussitôt expédié une dépêche aux députés de la Sarthe, pour leur annoncer la catastrophe. Cette dépêche était parvenue à Paris le 24, à 5 heures du soir, et avait causé à ses destinataires une véritable stupeur : « Il nous a fallu, écrivent-ils le len-
» demain, tout le courage qu'inspire l'amour du pays pour
» soutenir un coup si inattendu. Revenus à nous-mêmes,
» nous nous rendîmes chez le ministre de la guerre et au

(1) Arch. de la Sarthe. L. 222. *Rapport du Commissaire de Bonnétable.*
(2) Ibidem. L. 207. *Lettre du président du tribunal de La Flèche.*
(3) Arch. de la Sarthe, L. 220. *Rapport du Commissaire du canton d'Assé-le-Boisne.*

» Directoire où nous avons frappé de la manière la plus
» pressante. On nous promit des secours. Dans la nuit, nous
» avons reçu de nouvelles dépêches qui nous donnent les
» plus cruelles craintes. Nous sommes retournés ce matin
» chez le ministre et au Directoire auxquels nous avons
» peint avec une nouvelle force l'état déplorable du dépar-
» tement de la Sarthe. Le Directoire en a été frappé et nous
» a donné l'assurance qu'il allait être l'objet de toutes ses
» sollicitudes. Nous avons *de rechef* demandé le changement
» du général Simon » (1).

Non contents de cette démarche, ils portèrent l'affaire à la tribune du Conseil des Anciens. Le député Ysambart, dans la séance du 26 vendémiaire, y prononça un *Discours sur l'invasion de la Commune du Mans;* ses premières phrases résumaient assez exactement la situation :

« Depuis longtemps, disait l'honorable député, la tribune
» du Conseil des Anciens avait retenti des dangers immi-
» nents qui menaçaient les départements de l'ouest et spé-
» cialement celui de la Sarthe ; depuis longtemps les dépu-
» tations de ces divers départements s'étaient réunies pour
» aviser aux moyens de parer à l'invasion des brigands, dont
» on savait que les entreprises devaient commencer à la
» moisson ; depuis longtemps enfin nous frappions les oreilles
» du Directoire et des ministres des assassinats partiels qui
» se commettaient sur les républicains les plus prononcés,
» et nous ne cessions de solliciter des secours. . Les Roya-
» listes ont suivi leurs plans avec tranquillité..., et nous,
» nous n'avons pu obtenir aucuns renforts !

» C'en est fait, Représentants du Peuple, la commune du
» Mans, chef-lieu du département de la Sarthe, commune
» dont la population est d'environ 20,000 individus, est tom-
» bée au pouvoir des Chouans le 23, à quatre heures du
» matin. . . . . . »

---

(1) Arch. de la Sarthe, L. 273. « *La députation de la Sarthe aux administrateurs municipaux de la Ferté-Bernard.*

Il terminait par ces mots : « Pardonnez, citoyens Repré-
» sentants, le désordre de ces idées et de ces réflexions. La
» députation a de suite fait auprès du Directoire et du minis-
» tre de la guerre les démarches que lui commandait la
» cruelle et pénible situation de son département .... mais
» elle a cru aussi devoir vous en rendre compte et vous
» inviter à demander par un message au Directoire quel
» sera le résultat des mesures qu'il aura prises » (1).

Mis ainsi en demeure, le gouvernement sortit enfin de sa coupable apathie. Il expédia à ses généraux des ordres énergiques et dirigea sur l'ouest des troupes de la garnison de Paris.

A Tours, d'ailleurs, le général Vimeux, commandant la 22º division militaire, n'avait pas attendu pour agir les ordres du ministère. A la nouvelle de l'événement, il était parti aussitôt, marchant au canon comme son devoir le lui dictait ; il avait rejoint à La Flèche, avec de nouveaux renforts, les colonnes en route depuis le 21, et dont le retard désastreux devait s'expliquer plus tard.

Dans la nuit du 25 au 26 vendémiaire, entre onze heures et minuit, la 31º demi-brigade entre enfin au Mans et vient bivouaquer sur la place des Halles : elle est bientôt suivie d'autres troupes qui affluent de tous côtés, et des soldats de la 40º, ramenés de Ballon par le chef de brigade Auvray. Dix-huit cents hommes d'infanterie, sous le commandement du général de division Vimeux, des généraux de brigade Digonnet et Gilly, se trouvent dès lors concentrés au Mans, sans compter les nombreuses colonnes mobiles de gardes nationales, envoyées par les cantons. Toutes ces troupes « mangent chez les bourgeois, » bivouaquent dans les rues, couchent sur la paille dans les églises de Saint-Benoit et de la Couture, à la Visitation et sous les halles (2). Elles restent

(1) Plaquette imprimée de 4 p. Imp. nationale. Collection de M. L. Brière.
(2) *Mémoires du chanoine Nepveu de la Manouillère*, II, p. 352.

au Mans toute la journée du 26 vendémiaire, vendredi 18 octobre 1799.

C'est encore une journée critique pour la ville déjà si éprouvée.

Les esprits sont très surexcités, et les têtes des soldats républicains montées au plus haut point. Toutes les vieilles préventions se réveillent avec une force nouvelle. Des accusations très graves sont portées contre le général Simon, qu'on dit avoir trahi ses troupes et vendu la ville, contre les habitants qui auraient favorisé les Chouans, et surtout contre ceux de la rue Saint-Vincent soupçonnés d'avoir tirés par leurs fenêtres sur les soldats de la 40e, de leur avoir jeté de l'eau bouillante. On va jusqu'à prétendre que la trahison a introduit des balles de bois dans les cartouches. Des attroupements de soldats et de populace des bas-quartiers se forment sur différents points : l'un d'eux se dispose à envahir la manufacture de M. Desportes de La Fosse, pour y saisir le général Simon ; un autre poursuit un honnête boulanger de la rue Saint-Vincent, plus spécialement désigné à sa vengeance (1). La ville est menacée d'être mise à sac par ses libérateurs eux-mêmes.

Par bonheur, le général Vimeux vient de proclamer l'état de siège, et a eu l'heureuse inspiration de confier le commandement de la place au chef de brigade Auvray. Or, M. Auvray, seul, a conservé intacts son prestige militaire et sa popularité, par sa belle défense de sept heures à la caserne de Saint-Vincent. Il s'efforce aussitôt de calmer les esprits, fait protéger la manufacture Desportes, rappelle les soldats à leur devoir, et réfute les fausses accusations dans une proclamation aux habitants.

Cette proclamation, publiée par les *Affiches du Mans* du 30 vendémiaire, est trop longue pour que nous la reproduisions in-extenso. Son style, quelque peu sentimental, est

(1) *Relation historique*, mss. de la Crochardière.

bien d'un homme du XVIIIᵉ siècle, et n'a encore ni la vigueur ni la concision dont les proclamations du général Bonaparte donnaient déjà l'exemple. Elle n'en produit pas moins le meilleur effet.

« En acceptant le commandement de la commune du
» Mans en état de siège, disait le brave officier, je n'ai pu
» me dissimuler toute l'importance des fonctions de cette
» place, surtout dans un moment de fermentation où les
» esprits inquiets ne trouvent pour résultats des événements
» que des conspirations. Mon caractère et mon courage me
» commandaient l'obéissance aux ordres du général division-
» naire, et, embrasé de l'idée de faire le bien, j'ai pris le
» poids d'une responsabilité qui n'a rien qui m'effraie. *Mon*
» *cœur oppressé a besoin de s'épancher*, et il m'importe
» d'éclairer les habitans de cette malheureuse commune sur
» leurs véritables intérêts .... » Très adroitement, il insinue ensuite que les accusations portées contre les officiers et les autorités sont l'œuvre indirecte des insurgés et de leurs complices. Il démontre la fausseté de ces accusations par ce fait que les prétendues balles de bois, qu'on lui a apportées comme preuves à conviction, sont tout simplement les boules des jurés du tribunal criminel répandues dans la rue au moment du pillage des archives. Il signale les pièges ouverts de toutes parts sous les pas des bons citoyens. Il prend en termes chaleureux la défense du général Simon :

« D'astucieux complaisans accusent de trahison un officier
» général dont la réputation aux armées est fermement éta-
» blie, et qui, victime de sa bravoure, échappé par une sorte
» de miracle aux coups des assassins, est maintenant gisant
» sur un lit de douleurs, horriblement mutilé ! Trouvera-t-il
» donc plus de justice dans les rebelles qui l'ont victimé que
» dans ses propres concitoyens ? Le chef de ces rebelles, en
» proposant l'échange du citoyen Boucher, chef de bataillon
» de la 40ᵉ demi-brigade, admire sa valeur audacieuse, et,
» prêt d'entrer dans la tombe, Simon ne peut emporter la

» consolation de voir ceux pour lesquels il a sacrifié sa vie
» lui jeter quelques fleurs. Affreuse destinée des hommes en
» place ! »

Avec non moins de justice et de bon sens, Auvray s'en prend à certains journalistes « qui, une plume vénale à la
» main et la loquacité à la bouche, frondent tout ce qui est
» autorité. Jaloux même de nos succès, il leur manquait de
» ternir la gloire des vainqueurs d'Arcole ..... Ils vous pré-
» senteront l'autorité militaire comme despotique et arbi-
» traire, ils vous feront craindre pour votre liberté. L'expé-
» rience vous prouvera le contraire. L'épée maintiendra
» l'aplomb de la justice. Les méchans seront comprimés,
» l'artisan reprendra ses honorables travaux ; la protection
» active des personnes et des propriétés ramènera la paix
» domestique et la confiance sans lesquelles il n'y a point de
» bonheur ...... »

On ne pouvait mieux dire ; dans ces dernières lignes perçaient déjà la sage modération et la fermeté du premier préfet de la Sarthe, de celui qui, dans quelques mois, deviendra l'un des représentants les plus dévoués et les plus intelligents du gouvernement réparateur du Premier Consul.

L'ordre assuré et la ville du Mans placée en bonnes mains, les troupes se disloquent le 27 vendémiaire dans la journée. Une colonne est envoyée à la poursuite des Chouans, que le 18 brumaire, bien plus que le petit échec de Ballée, ne devait pas tarder à disperser. Peu après, le général de brigade Delarue est appelé au commandement du département de la Sarthe, et s'occupe activement de fortifier la ville du Mans pour la mettre à l'abri de toute nouvelle surprise. On rétablit les portes de l'ancienne enceinte ; on ferme les faubourgs par des barrières ou des murs ; on construit des retranchements sur la place des Jacobins, au Gué-de-Maulny, au pont de Pontlieue (1), on

---

(1) Arch. de la Sarthe. L. 333. *État des parties de la ville du Mans à fortifier, arrêté par les ordres du général Delarue, commandant mili-*

public un règlement sévère sur la police de la place, le service de la garnison et de la garde nationale en cas d'attaque ou d'incendie (1).

Les événements dès lors sont envisagés avec plus de sangfroid et on commence à établir les véritables responsabilités.

Les Administrateurs de l'Orne, ayant cru bien faire en interrogeant les soldats blessés de la 40ᵉ demi-brigade évacués sur l'hôpital d'Alençon, avaient transmis à leurs collègues de la Sarthe onze dépositions qui tendaient à accuser encore le général Simon d'avoir abandonné ses troupes et les habitants de la rue Saint-Vincent d'avoir tiré sur les républicains. L'administration départementale et le commandant de place s'empressent de faire définitivement justice de « ces soupçons injurieux, résultat insignifiant de l'ignorance et de la prévention » (2).

Une enquête consciencieuse, faite par M. Auvray auprès des soldats valides de la 40ᵉ et l'examen attentif des lieux démontrent que les prétendues balles tirées par les croisées de la rue Saint-Vincent proviennent de ricochets : cette explication, « la seule raisonnable et vraie », disculpe les habitants incriminés, mais elle vaut à M. Auvray, de la part de certains meneurs de la « Jacobinière », une dénonciation volumineuse que le ministre de la guerre se hâte de lui renvoyer avec un juste dédain (3).

Le général Simon est plus difficilement justifié. Bien

---

tairement dans le département de la Sarthe ; Détail estimatif des ouvrages à exécuter pour la construction d'une porte de ville ; Évaluation par aperçu des travaux faits et projetés pour la défense de la ville du Mans, etc. Un arrêté du Département, en date du 8 nivôse an VIII, mettra à la disposition de la commune du Mans la somme de 15,000 fr. nécessaire pour solder les travaux commencés. — Ibidem, L. 273. V. aussi L. 166, fol. 139.

(1) Au Mans, de l'imprimerie Monnoyer, 12 p. in-4º.
(2) Arch. de la Sarthe, L. 273.
(3) *Relation historique*, mss. de la Crochardière.

qu'il ait montré un courage intrépide et que ses nombreuses blessures « témoignent avec la plus entière évidence de sa loyauté, de ses vertus civiles et militaires », la foule ignorante persiste dans ses soupçons, et ses ennemis personnels ne désarment pas. L'histoire ne doit pas hésiter à reconnaitre que si le général Simon s'était laissé tromper par un excès de confiance, il avait fait vaillamment son devoir de soldat (1). Le seul reproche qu'il mérite peut-être, sera d'avoir plus tard manqué de dignité en adressant au comte de Bourmont une lettre d'injures et de récriminations au sujet des pertes d'argent qu'il avait subies, et en lui réclamant un dédommagement pour ses équipages que le général en chef des Chouans avait achetés à ses soldats. Cette lettre lui attirera, le 25 germinal suivant, une réponse assez dure du général en chef de l'armée royale du Maine, qui cependant avait été un des premiers à lui témoigner son intérêt (2).

Quoi qu'il en soit, le général Simon avait si cruellement souffert des événements qu'il lui était bien permis d'être

---

(1) Tous les contemporains bien informés sont unanimes sur ce point. Aux témoignages du chef de brigade Auvray, du comte de Bourmont, de Tercier, de Renouard, nous pouvons joindre ceux de Besnard et de la Crochardière. Besnard dit dans ses *Mémoires* « que la conduite loyale et
» ferme du général Simon avait également provoqué la haine des deux
» partis en guerre contre le Directoire (II. p. 160) ». La *Relation historique* de la Crochardière ajoute « qu'il avait reçu l'avis de sa prochaine
» destitution et qu'il aurait même pu rester tranquille chez lui ». Nous avons dit que les députés de la Sarthe avaient effectivement demandé son changement avant même la prise de la ville.

(2) La réponse de M. de Bourmont, datée de Paris, 25 germinal an VIII, a été publiée par M. de la Chanonie en note des *Mémoires de Tercier*, p. 335. On y lit entre autres, ce passage : « Votre dépouille a été enlevée
» par des soldats victorieux, jamais l'honneur ne défendit à un officier,
» quelqu'il fut, d'acheter des chevaux ou des effets pris sur l'ennemi; mais,
» certes, jamais un officier-général n'imagina de réclamer un dédommage-
» ment pour perte de ses équipages, ailleurs qu'à son gouvernement, car,
» c'est dans ce cas qu'un officier s'abaisse. Si vous aviez été dans la
» misère, j'aurais pu vous plaindre et vous offrir les secours qu'un homme
» dans l'aisance doit à celui qui éprouve des besoins.... »

quelque peu aigri, et qu'il sera toujours digne de la sympathie des esprits impartiaux. La journée du 23 vendémiaire avait brisé sa carrière, compromis injustement son honneur, et d'un officier d'avenir avait fait un malheureux mutilé qui n'aura plus d'asile qu'aux Invalides (1). Après cent ans, nous saluons en lui un brave soldat, un patriote sincère, et la plus haute victime de la dernière de nos guerres civiles.

Avec beaucoup plus de raison, les autorités civiles s'en prirent de leur catastrophe à l'agent que le ministre de la police leur avait si chaudement recommandé, au citoyen La Garancière.

Dans un long rapport qu'il remit lui-même à Paris, au ministre de la police, le 12 brumaire an VIII, le commissaire Jouennault résume si nettement les charges relevées contre cet agent que son rôle ne peut guère soulever d'équivoque. En sortant de dîner chez le général Simon, après avoir exposé le faux plan du comte de Bourmont et son prétendu mouvement sur Saint-Calais, La Garancière s'est plaint incidemment « que le ministère le laissait manquer d'argent. » Sous différents prétextes il a écrit à plusieurs généraux les lettres qui ont entraîné le retard ou le changement de route des renforts. Il a quitté Le Mans précipitamment le 22 vendémiaire pour se rendre à Saint-Calais, puis il y est revenu pendant l'occupation, s'est mêlé aux Chouans et est allé souper avec l'état-major royaliste. Le lendemain de la prise de la ville, il a envoyé aux *Affiches d'Angers* un récit inexact, rempli « d'insinuations injustes » etc. Le commissaire Jouennault conclut « que La Garancière est le plus perfide des hommes, qu'il sert les deux partis et qu'il s'est vendu à celui qui l'a le mieux payé. »

La suite des événements confirme de tous points ces appréciations. Au lieu de se tenir humblement à l'écart après

---

(1) Tercier dit dans ses *Mémoires*, p. 336, que le général Simon « a été
» depuis placé à l'hôtel des Invalides ».

le désastre que ses fausses indications ont causé, ce qu'il eut fait sans aucun doute si le comte de Bourmont avait réellement surpris sa bonne foi, La Garancière a l'audace de se faire envoyer, quelques jours plus tard, par le Commissaire du Directoire à Angers, aux administrateurs de la Mayenne, pour tenter un coup analogue à celui qu'il vient de réussir au Mans. Il se présente au Commissaire du Directoire à Laval, comme envoyé du ministre de la police, chargé de connaître la véritable situation de son département. Malheureusement pour lui, le Commissaire de la Mayenne, sachant déjà qu'un agent secret a trahi au Mans, s'empresse d'arrêter l'inconnu et d'en référer à son collègue de la Sarthe. Celui-ci reconnait son homme, et tout joyeux de le tenir, requiert son transfert dans les prisons du Mans.

La Garancière méritait certes d'être poursuivi, car ses perfides renseignements, si habilement combinés avec « son ancien camarade et ami » le comte de Bourmont, avaient été l'une des causes immédiates de la surprise du Mans et avaient beaucoup facilité le succès des mécontents. Bien qu'il eut, paraît-il, longtemps servi avec fidélité le Commissaire du Directoire à Angers et qu'il lui eut rendu des services essentiels, il avait dû se vendre, près de La Flèche, à l'état-major royaliste. Depuis ce moment, il avait tout fait pour servir les rebelles et par ses rapports il avait empêché les autorités du Mans de déployer tous les m[oyens] de défense qu'offrait la localité (1).

L'affaire cependant sera étouffée, et le citoyen La Garancière, après quelques jours de prison, sera mis en liberté par ordre supérieur du général Hédouville. S'il faut en croire certaine anecdote racontée par un contemporain, la mère du citoyen La Garancière eut été alors employée dans les

---

(1) Arch. de la Sarthe, L. 172 et 184. *Rapport du Commissaire du Directoire de la Sarthe au ministre de la police*, et correspondance avec ses collègues de la Mayenne et de Maine-et-Loire.

négociations de la pacification : le gouvernement avait besoin de la famille (1).

Au point de vue exclusivement militaire, la prise du Mans en 1799 peu donner lieu aussi à une critique intéressante.

Du côté des Royalistes, le comte de Bourmont avait fort bien combiné son plan d'attaque ; il l'avait préparé avec beaucoup de soin, en « soufflant » au ministère de la police l'un de ses meilleurs agents, et il l'avait exécuté en véritable général. Les mouvements de ses troupes, leurs marches nocturnes, avaient été accomplis avec une telle vigueur et une telle précision que la concentration des Chouans autour du Mans peut offrir un modèle du genre. Le service des reconnaissances et des renseignements n'avait rien laissé à désirer. Au moment de l'action, les hommes s'étaient bien battus ; ils avaient montré dans l'offensive la rapidité et l'énergie qui assurent le succès. Après la victoire, M. de Bourmont avait fait preuve aussi d'une expérience et d'une prudence consommées en ne demeurant pas, la nuit, dans une ville ouverte où il pouvait être surpris à tout instant, et en restant maître de la campagne. Dans l'ensemble comme dans les détails, l'opération avait été très habilement conduite. Elle révélait chez le jeune général en chef ces talents militaires brillants que Bonaparte lui-même reconnaîtra bientôt en lui offrant le grade de général de division et que la France sera heureuse de retrouver en 1830, chez le vainqueur d'Alger.

Du côté des Républicains, le général Simon, brave et loyal, n'avait pas pris des précautions militaires suffisantes ; même en tenant compte des fausses indications de La Garancière, il avait manqué de prévoyance. Il n'avait su ni s'éclairer, ni se couvrir. Des reconnaissances plus sérieusement faites n'auraient pu manquer de lui signaler l'approche de 3,000 Chouans. Les postes qu'il avait placés dans les

(1) *Relation historique,* mss. de la Crochardière.

faubourgs étaient bien plutôt des postes de police abandonnés à eux-mêmes sans soutiens, que des avant-postes. Il eut dû faire bivouaquer ses troupes, tout au moins un réserve, réunir les officiers et le drapeau de la 40° demi brigade à la caserne Saint-Vincent, tenir son artillerie prêt à marcher et surtout mettre sur pied la colonne mobile d capitaine Lecornué, ainsi qu'une partie de la garde national sédentaire. Il s'est laissé surprendre comme en pleine paix Comme bien d'autres officiers français en pareil cas, il sauvé son honneur en sachant tomber le premier sous le coups de l'ennemi.

Ceci dit, le chef de brigade Auvray, « par son intrépidit et sa présence d'esprit, a sauvé sa petite troupe, » (1) et le soldats de la 40°, vétérans d'Arcole ou conscrits, ont ét héroïques. Ils se sont battus comme des lions, dira u témoin peu suspect (2), 300 contre 3,000. Leur défense d sept heures à la caserne Saint-Vincent a excité à bon droi l'admiration des meilleurs juges. S'ils ont perdu leur dra peau, ce ne sont pas des étrangers qui l'ont eu : ce sont de français, ce qui enlève au fait toute son amertume et un partie de son importance.

Quant aux gardes nationaux, s'ils sont restés chez eux, l rapidité de la surprise ne leur avait pas permis de s rassembler. De plus, ils n'étaient point des soldats : il n'étaient que des citoyens, et on ne peut leur reprocher, e bonne justice, de ne pas s'être fait tuer pour un gouver nement moribond dont personne ne voulait plus (3).

(1) Arch. de la Sarthe, L. 184. *Rapport de l'administration centra sur la prise du Mans.*
(2) *Relation historique*, etc., mss. de la Crochardière.
(3) Le journal *l'Ami des Lois* ayant prétendu que les gardes nationa du Mans avaient *refusé* de prendre les armes, l'administration central du département protesta énergiquement contre « ce reproche absolumen faux » selon elle, par un communiqué que publièrent les *Affiches du Man du 5 brumaire.* Elle fit remarquer, non sans raison, « que les citoyen commandés étaient à leurs postes », et « que l'invasion fut trop subite

C'est au gouvernement du Directoire, en effet, que doit revenir la principale responsabilité de la prise du Mans en 1799, bien plus qu'aux soldats républicains ou royalistes, qui furent ses victimes les uns et les autres.

Par son impéritie, par sa mauvaise administration, par ses persécutions, le Directoire avait mécontenté profondément le pays. Or, lorsqu'on veut imposer à une nation généreuse un mauvais gouvernement, il faut être très fort, et le Directoire était d'une faiblesse dérisoire. Après avoir soulevé maladroitement une partie des populations du Maine, il n'avait pas même su réunir les forces nécessaires pour protéger ses derniers amis. Les députés de la Sarthe le lui dirent, les généraux, les autorités civiles le lui répétèrent. Rien n'y fit : il ne craignit pas d'abandonner pendant un mois quelques centaines de soldats au milieu d'un département tout entier insurgé. Il ne sut pas même payer ses agents secrets ! Il rendit les succès des Chouans certains et la prise du Mans inévitable.

Les populations, sans distinction d'opinion, ne se méprirent pas sur cette véritable responsabilité du gouvernement. Le 18 brumaire, survenu trois semaines plus tard, fut accueilli avec des transports de joie qui ne laissent aucun doute à l'historien.

Dès le 18 vendémiaire, le commissaire du canton d'Assé-le-Boisne, paysan illettré, écrivait naïvement à son chef hiérarchique : « Citoyen collègue, je m'empraisse de vous » annoncer que les victoires du général Bonaparte a révillié » les esprits ; tous les patriotte ce réunisse, vide en son » honneur une *bouteille de vin de gaieté* et ne craigne plus » les Chouans » (1). Le 28 vendémiaire, les autorités de La

---

trop impétueuse pour permettre aux autres de sortir ». Il est vrai qu'il semble résulter de la plupart des *Relations* que la frayeur leur en avait enlevé toute envie : treize gardes nationaux seulement, nous l'avons vu, répondirent à l'appel de leur chef de brigade Le Prince-Claircigny.

(1) Arch. de la Sarthe, L. 220.

Flèche ajoutent plus élégamment : « Les nouvelles agréables de l'arrivée de Bonaparte à Paris donnent la joie et l'espérance » (1). Le 25 brumaire, celles de Ballon : « Il faut espérer que les grands événements qui viennent d'avoir lieu dans le gouvernement vont enfin apporter remède et soulagement à nos malheurs » (2).

A la même date, dans d'autres cantons, on salue Bonaparte comme « le gouverneur général de la France, qui va rappeler le clergé et supprimer beaucoup de contributions » (3). Le 4 frimaire, la ville du Mans tout entière applaudit à cette phrase d'une circulaire du général Delarue : « Les Consuls de la République ne sont attachés à
» aucune faction et n'ont en vue que le bonheur et la gloire
» du peuple français : il est de l'intérêt des pays insurgés de
» profiter de l'heureux changement qui vient de s'opérer
» dans le gouvernement (4) »

Tous assurément n'entendaient pas applaudir dans l'avènement du Consulat, « une révolte contre la République dont Bonaparte était le chef » (5), mais tous applaudissaient l'avènement d'un gouvernement ferme et réparateur qui devait mettre fin aux persécutions religieuses des sectes jacobines, à la guerre civile, aux scandales financiers, pour réunir en un seul faisceau toutes les bonnes volontés, toutes les intelligences, toutes les forces vives du pays.

(1) Arch. de la Sarthe, L. 207.
(2) Arch. de la Sarthe, L. 207.
(3) Arch. de la Sarthe, L. 224.
(4) *Affiches du Mans*, du 5 frimaire an VIII.
(5) Dans la lettre citée précédemment, le Commissaire du canton de Ballon ajoutait : « Déjà la malveillance avait dénaturé les faits en sup-
» posant une révolte contre la République dont Bonaparte était le chef.
» Je me suis empressé de couper la racine du mal en exposant au peuple
» la vérité des faits, en lui faisant concevoir les plus belles espérances ».

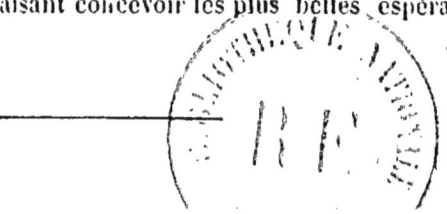

TABLE DES CHAPITRES

INTRODUCTION. 5

I

AVANT L'ATTAQUE

Causes de la prise d'armes de 1799. — Loi des otages et faux Chouans ; les Mécontents. — L'armée royale du Maine, son général le comte de Bourmont, ses principaux officiers, son organisation. — Forces militaires du gouvernement dans la Sarthe ; leur commandant, le général de brigade Simon ; la 40ᵉ demi-brigade. — Incidents divers. — Un charmant espion du ministre Fouché. — Préliminaires de l'attaque. 7

II

L'ATTAQUE

Mouvement concentrique de l'armée royaliste sur Le Mans. — Une marche nocturne de Chouans. — Surprise simultanée de la ville par les diverses colonnes. — Cruelle mésaventure du général Simon. — Attaque de la Maison commune, du Département et de la gendarmerie. — Le chef de brigade Auvray et le drapeau de la 40ᵉ — Le poste de Pontlieue. — Combat de Saint-Vincent et belle défense de la caserne. — Occupation définitive de la ville. — Pertes des Chouans, de la garnison et des habitants. — Episodes inédits. 28

III

L'OCCUPATION

Première journée, 23 vendémiaire : Envahissement des établissements publics et de plusieurs maisons particulières ; Ouverture des prisons ; Saisies des caisses de l'État ; Réquisitions ou pillages ; Odysée de l'ex-conventionnel Levasseur ; Aventure peu héroïque d'un juge avide de gloire ; Attitude des Chouans vis-à-vis des blessés et des prisonniers. — *Deuxième journée :* Exode pittoresque des autorités ; Règlements de comptes ; Destruction des archives ; Petite fête royaliste et grande revue ; Réapparition inattendue de l'agent La Garancière ; Le général Simon ; Un banquier malgré lui. — *Troisième journée :* Liquidation des affaires en cours ; Infortune de la musique municipale. — Bilan réel de l'occupation ; Appréciations de l'histoire. 45

IV

LES SUITES ET LES CONSÉQUENCES

Effet produit par la prise du Mans dans le département et dans la capitale. — Rentrée des troupes républicaines au Mans. Surexcitation des esprits, fausses accusations, menaces de pillage. — La ville en état de siège. Le chef de brigade Auvray, commandant de place : son rôle pacificateur et sa proclamation. — Mesures de défense : fortifications. — Justification du général Simon. — Double jeu de l'agent La Garancière, fin de ses aventures. — Critique des opérations au point de vue militaire. — Responsabilité du gouvernement. — Le 18 brumaire. . . 74

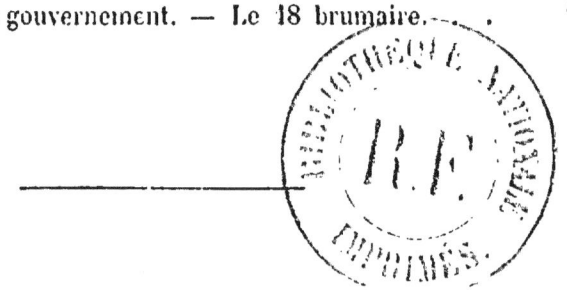

MAMERS. — TYP. G. FLEURY ET A. DANGIN. — 1899.

www.ingramcontent.com/pod-product-compliance
Lightning Source LLC
LaVergne TN
LVHW050636090426
835512LV00007B/888